中华现代学术名著丛书

国际法大纲

周鲠生 著

商务印书馆
创于1897 The Commercial Press

2013年·北京

图书在版编目(CIP)数据

国际法大纲/周鲠生著.—北京:商务印书馆,2013
(中华现代学术名著丛书)
ISBN 978-7-100-09877-9

Ⅰ.①国… Ⅱ.①周… Ⅲ.①国际法—法的理论
Ⅳ.①D990

中国版本图书馆 CIP 数据核字(2013)第 057958 号

本书据商务印书馆 1947 年版排印

中华现代学术名著丛书
国际法大纲
周鲠生 著

商 务 印 书 馆 出 版
(北京王府井大街36号 邮政编码 100710)
商 务 印 书 馆 发 行
北 京 瑞 古 冠 中 印 刷 厂 印 刷
ISBN 978-7-100-09877-9

2013 年 8 月第 1 版 开本 880×1240 1/32
2013 年 8 月北京第 1 次印刷 印张 9¾ 插页 1
定价: 36.00 元

周鲠生

(1889—1971)

大學叢書

國際法大綱

周鯁生著

商務印書館發行

出版说明

百年前，张之洞尝劝学曰："世运之明晦，人才之盛衰，其表在政，其里在学。"是时，国势颓危，列强环伺，传统频遭质疑，西学新知亟亟而入。一时间，中西学并立，文史哲分家，经济、政治、社会等新学科勃兴，令国人乱花迷眼。然而，淆乱之中，自有元气淋漓之象。中华现代学术之转型正是完成于这一混沌时期，于切磋琢磨、交锋碰撞中不断前行，涌现了一大批学术名家与经典之作。而学术与思想之新变，亦带动了社会各领域的全面转型，为中华复兴奠定了坚实基础。

时至今日，中华现代学术已走过百余年，其间百家林立、论辩蜂起，沉浮消长瞬息万变，情势之复杂自不待言。温故而知新，述往事而思来者。"中华现代学术名著丛书"之编纂，其意正在于此，冀辨章学术，考镜源流，收纳各学科学派名家名作，以展现中华传统文化之新变，探求中华现代学术之根基。

"中华现代学术名著丛书"收录上自晚清下至20世纪80年代末中国大陆及港澳台地区、海外华人学者的原创学术名著（包括外文著作），以人文社会科学为主体兼及其他，涵盖文学、历史、哲学、政治、经济、法律和社会学等众多学科。

出版“中华现代学术名著丛书”，为本馆一大夙愿。自 1897 年始创起，本馆以“昌明教育，开启民智”为己任，有幸首刊了中华现代学术史上诸多开山之著、扛鼎之作；于中华现代学术之建立与变迁而言，既为参与者，也是见证者。作为对前人出版成绩与文化理念的承续，本馆倾力谋划，经学界通人擘画，并得国家出版基金支持，终以此丛书呈现于读者面前。唯望无论多少年，皆能傲立于书架，并希冀其能与“汉译世界学术名著丛书”共相辉映。如此宏愿，难免汲深绠短之忧，诚盼专家学者和广大读者共襄助之。

商务印书馆编辑部

2010 年 12 月

凡　例

一、“中华现代学术名著丛书”收录晚清以迄20世纪80年代末，为中华学人所著，成就斐然、泽被学林之学术著作。入选著作以名著为主，酌量选录名篇合集。

二、入选著作内容、编次一仍其旧，唯各书卷首冠以作者照片、手迹等。卷末附作者学术年表和题解文章，诚邀专家学者撰写而成，意在介绍作者学术成就，著作成书背景、学术价值及版本流变等情况。

三、入选著作率以原刊或作者修订、校阅本为底本，参校他本，正其讹误。前人引书，时有省略更改，倘不失原意，则不以原书文字改动引文；如确需校改，则出脚注说明版本依据，以“编者注”或“校者注”形式说明。

四、作者自有其文字风格，各时代均有其语言习惯，故不按现行用法、写法及表现手法改动原文；原书专名（人名、地名、术语）及译名与今不统一者，亦不作改动。如确系作者笔误、排印舛误、数据计算与外文拼写错误等，则予径改。

五、原书为直（横）排繁体者，除个别特殊情况，均改作横排简体。其中原书无标点或仅有简单断句者，一律改为新式标点，专名号从略。

六、除特殊情况外，原书篇后注移作脚注，双行夹注改为单行夹注。文献著录则从其原貌，稍加统一。

七、原书因年代久远而字迹模糊或纸页残缺者，据所缺字数用“□”表示；字数难以确定者，则用“（下缺）”表示。

目　次

本论·卷上　实体法

序

本书的底稿，系著者在北京大学授课时所编之讲义案。它的目的，在依简明的解说，供给初学者以国际法之基本的知识。故内容重在陈述确定的原则，务避免争论之点。理论上详细的讨论，当以让诸教师的补充及专著的参考。似此一种教科书性质的刊物，当然说不上何等原始的贡献；书中所述原则，大抵依据西方先辈学者的著作，不过偶尔参以作者自己的观察。书末附载海牙规则一部分及国际联盟规约国际法庭组织法之原文，以备读者参阅。为读者进一步阅读或参考之便利起见，书首另附有参考书目，此不是应有尽有，亦只择其最普通应用者而已。

著　者

一八年(1929 年)七月三日南京

导 论

一 国际法之意义

国际法(international law)一名万国公法(law of nations),此是规律国家与国家的关系之法,而不是规律私人关系之法。然以在主权国家之上,再无更高的权力,学者乃说万国公法是存于列国间之法,而不是加于列国上之法,换句话说,万国公法是列国自己公认之法,而不是从上级权力加诸列国之法。所以从边沁(Bentham)以来,通称为国际法(international law,droit international),定名较为确切。

国际法是法学的一分支,但是一个比较幼稚的分支。国际法之研究虽已历四世纪,然而学者对于斯法之研究方法及其内容性质,所见迄不一致。因之他们对于国际法所下之定义,亦殊多歧。今为讲述之便利计,姑采一个比较明确的定义。即国际法是"那部习惯的及协定的规则,世界文明国家所认为在他们相互关系上,对于他们有法律的拘束力者"。简单的说,国际法是规律文明国家相互关系之行为的规则。①

从边沁以来,国际法常说是有国际公法(public international law)与国际私法(private international law)两支之分别。实则惟有国际公法是国际法,国际私法则尚不能说是国际法。国际法是规律国家间相互关系之规则总体。而所谓国际私法之规则,则不过在指导国内法庭,遇有涉及两国法律之私法案件应当适用何国法律而已。此是国内法之特殊的部分,与国际关系全不相涉,当无取得国际法称号之权利。实则有些英美学者的书全然抛弃国际私法之名称,而名为"法律之冲突"(conflict of laws)。所以严格的说,凡说国际法,即是专指国际公法而言:公(public)之形容词,似乎可以不用。现今属于所谓国际私法之规则,将来依习惯及条约之作用,固然亦可以取得国际法的性质。②

二　国际法之性质

就形式上说,国际法是法律中之特别的一种。国际法是一部规律文明国家的行为之规则。但若是文明国家各营孤立生活,不相接触,则无国际法存在之必要。实际上国家与国家之间有密切的不断的交际。他们组成一个社会,即国际社会(family of nations)。因此,为规律他们的相互关系,一部行为的规则是必要的。

然而虽说有一个真的国家社会,而此社会向来是缺乏组织的。

① Oppenheim, International Law, Vol. I, p. 1.

② Lawrence, Principles of International Law, pp. 5 - 9.

现今国际联盟（League of Nations）成立，国际社会虽已粗具组织，然比之真正政治的组织之社会，性质仍大有差殊。国际社会是自由的独立的个体之社会；组成此社会之国家不受何项最高权力之支配。换句话说，国际社会虽以国家为组成分子，而自身不构成一个国家之形式。因之，国际社会之法与国内法有殊。国内法所依附之国家，是具有政治的权力之组织体，国际法则不是依据最高权力而存在之法律，而是基于国际社会各个分子的"公认"（common consent）之法律。如果说国内法之最后的渊源是国家之组织的意志，则国际法最后的渊源是列国之一般同意（consensus gentium, general agreement）。假设所有文明世界的国家合成一个世界大帝国（Civitas Maxima）而具有一个联合政府，如今之美国然，则真正的国际法将不存在。此将成为一大联邦之宪法，此将与国内法同一。[①]

然则国际法是否真是法律，而自成一个系统？

普通法理学书上关于法律（law）一名词之定义，常不能适用于国际法。因为他们总离不开政治的主权组织，而在国际法之后，则未有此种权力组织。从国际法学创始以来，即有国际法是否为法律之一个问题。有许多学者对于此问题作否定的解答，而认国际法只具有道德的规则之性质。[②] 英国有名的法学家俄斯丁（Ansaiu）之说，最能代表此派见地。俄斯丁说：法律是政治的主权者之命令。如果他的法律之定义是确的，则国际法当然不得为法律，因

① 关于国内法与国际法之关系，可参看 Oppenheim：International Law, Vol. I, Chapter IV.

② 实则国际法规则之外，国际社会另有国际道德（international morality）的规则，其效力并不同。参看 Lawrence：Principles of International Law, pp. 9—10；Hershey：Essentials of International Public Law and Organization, pp. 2－4.

为在国际社会无所谓主权者,亦不能有命令。但是如此的法律之定义究不正确,则已为后来的法学家辨明。俄斯丁派之法律命令说已失势于法律界;现代法学家,渐认为法律是社会内公认的行为之规则,对于社会内各员有拘束力。依此定义,则法律之存在不限于国家,而可推及于国家所组成之国际社会。社会之观念较国家之观念为广,国家是一个社会,国际社会也是一个社会。国内法是法律,国际法也是法律;则因为国际法乃是国际社会公认之行为的规则,而对于此社会内之列国有拘束力。诚然,在各国家之上尚未有中央政府可以厉行国际法规;因为如此,国际法比较国内法为弱。但是软弱的法律仍不失为法律。况且国际联盟创立的结果,国际法的效力,亦将不如以前之弱。①

实则惟有学者理论家关于国际法之是否为真正的法律意见分歧。在事实上,则国际法固是继续不断的被认为法律。文明国家的政府及议会自认在道义上法律上均受国际法之支配。文明各国的舆论,亦无不认定国家在法律上有遵从国际法规之义务。此等国家不但是在许多条约中承认国际法的规则有法律的拘束力,并且依国内法承认此项法律,例如欧战后德奥的新宪法。② 如值有一国破坏国际法,文明世界之舆论及各国政府即将加以指斥,视同违反善通的法律。

国际法之违犯,诚是国际社会内亦有的事,尤其在战时惯见之。但违法者常力图证示他们的行为并不构成违法之事,而说他们依国际法有如此行动之权利,或至少亦说当时并未有何项国际

① Oppenheim, International Law, Vol. I, pp. 3 – 14.

② McBain and Rogers, The New Constitutions of Europe. p. 177, p. 257.

法规禁止此等行为。而在现代国际社会,则已有一个增长的倾向,将国际法上之争论问题与一般国际争议,提交仲裁法庭或其他国际机关,求一法律的解决。此皆足以证示国际法被认为法律之事实。

三 国际法之历史的发达

A 国际法何以说是近世文明的产物

世人竞说国际法是近世文明的产物,它的元祖是荷兰法学家格罗特(Hugo Grotius)。格罗特于一六二五年刊行他那有名的De Jure Belli ac Pacis"战争及平和法",树欧洲国际法之始基,而国际法之在国际关系上成为现实的势力,则始于卫斯特华里和约(Peace of Westphalia,1648)。此其为说,仅部分的确;如其做绝对的说法,则不免启人误解。故有特加说明之必要。

说国际法是近世的产物,如其意是谓,前乎近世,对于国家之行为即无何等规则来规律它们,则其说是不确切的。我们知道有许多国际规则为欧洲古代国家所承认。同样的规则也存在于欧洲中世。不过后者不似前者之多,则因为其时代之状态不同。质言之,即古代记录中可求出古代的国际法,中世记录中可寻出中世的国际法,亦如近世有近世的国际法然。

而在他方面,则国际规则之观念,惟至宗教改革(Reformation)以后始明白认识出来,则是的确的。欧洲古代社会尽管有国际规则,但古代的人尚未看作国际的规则,他们以为此等规则是一般的拘束列国人民的,而不说是拘束组合体之国家的。自他们视之,国际规则是一般的，共通的国内法，而不是国家相互间之法，古代世界之国际法并未明白的成一个独立的法系，以别于国内法。中世纪的人关于国际法亦未达到确定的观念。于是国际行为之规则乃与国内法规不可分别。

其次，国际法学（science of international law）起于近世，亦是的确的。从未见有古代国际法学著述传于今世者，在中世纪，诚微现有国际法学之先兆，战争及战争规律，辄亦有人注意。但中世论战争之著作家，大多肤浅，其所论述殊幼稚而无条理，不足以当学之名。

将国际法定为一分明的独立研究部分，而为有条理的说述，仅始于十六世纪之初头，宗教改革之后。格罗特不是最先讲国际法的一人。他之所以称为国际法学之元祖，并不是因为他是此学之创造者，而是因为他的著作之效果。在格罗特以前，已经有许多先觉。当时欧洲有些情势令人不能不考究国际行为及其规则。格罗特的那些先辈将他们工作的结果刊成书籍；此等书籍即是国际法学之萌芽。此学自然有大影响于国际法本身；依法学家的说述，国际法成为更确定的更有系统的规则。于是可说，惟在近世，国际法始自成一部系统的学说而存在。

复次，国际法在十七世纪之上半期，于格罗特的书刊行以后。开始其新进的生涯，亦是的确的。近世国际制度可说是从一六四八年卫斯特华里和约开始。自宗教改革教皇失权以后，全欧洲骤现出无法的局面。欧洲国家自以为已未有何项义务可拘束他们，且并此国际法之观念而亦否认之。在十六世纪，当国际法停顿之时，此学发达出来。国际无政府状态，正是一种新情势，促人研究国际行为，著书立说者，国际法学于此开始。初期的著述家之力量尚不大;格罗特的书则有大效果,从此将法律导入国际社会。

最末,如果世人意中之国际法是特指一部包罗丰富的国际规则而言,则说国际法是近世的产物,亦是的确的。古代国际规则比较的少,中世的国际法亦然。近世国际法较之以前的国际规则内容丰富。近世国家关系密切,交通频繁,因此,行为的规则亦特别加多。

B 近世国际法出现之时期:从宗教改革至卫斯特华里和约

在此时期中,欧洲社会有可注意者数点如下:

一、许多国家卒达于政治的成熟之域。封建制度破坏,统一的中央政府渐兴。尤其是法英西班牙诸国已成为完全发达的民族国家。

二、世界主权(universal sovereignty)之观念消灭。宗教改革给世界主权一致命的打击。在政治的宗教的争斗之中,欧洲国家争得独立,而国际社会成为一不受何项共同统治者或宗主支配之国家的集团。

三、种种引人注意国际关系之情势产生国际法学。第一,世界主权破坏之直接的效果,是为国际的无法状态之出现。当时的问题,是在如何使各国恢复其守法的精神,使他们的统治者知道在他们相互关系上仍然受许多规则之支配,他们的自由不得流于无法。第二,在十六世纪中,有几个新问题发生。新大陆发见,富于进取心的国民争攘取之。殖民国的利益自然互相冲突,而"未占有地"(无主地)之取得及其相关联之问题,乃大引起争论。"海洋自由"之问题,亦随地理的发见,贸易的扩张而引起。在十六世纪中,互相维持常设使馆之惯习,渐成长于欧洲,此亦是发生关于国际行为之新问题者。此种种问题,皆有以使人注意国际行为问题及其规则。

C　格罗特的先辈之创立国际法学

国际法学起于十六世纪，因为当时欧洲情势促人注意国际关系之问题。初期的著作家须应付的问题有两个：

第一，他们须说服欧洲国家，使知各国家新获得的自由，不是无政府的意思。他们须为国际行为的规则别求一个根据，以代替神圣罗马帝国皇帝及罗马教皇所行使之权力。

其次，他们须为列国确立一部国际规则。中世纪的惯例不足以应现在的需要。新问题发生需要新规则，尤其是一部规则可以抑制战争之惨毒行为者。

此两问题中之第一个，得着一巧妙的解决。在宗教改革之后，有一种学说，名为"自然法"或"性法"(law of nature)者出现，说是，不服从何项共同统治者之国家，受制于一种超乎人间权力之上之规则，因为此项规则是出于理性所命(dictates of reason)。依此学说，世有一部万国规则，而此部规则主由自然法组成。于是为大部分国际法而立之根据是理性。其次一个根据也同时定出，是即"公认"(common consent)。国际法包括一协定的部分，其根据在一般的承认。于是依十六世纪之学说，国际法以两个根据不同的部分组成：主要的部分是自然法，其有拘束力，因其合于理性；次要的部分是意志法(voluntary law)，其有拘束力，因其为国家所承认。

第二个问题，即制出一部详细规则之问题，则部分的依哲理的方法推论，部分的借助于历史，尤其是古代史，部分的利用国内法，尤其罗马法，而告解决。

初期的著作家多为西班牙的神学家，他们总名为西班牙神学派。而在他方面，则意大利人詹边利(Gentilis，1552－1608)对于国际法贡献特大。因之有些学者主张詹边利应得国际法元祖之称号。他所著《战争法》(De Jure Belli,1598),说是为格罗特的著作示一模范。

初期的著作家未发生多大的效果。在十六世纪中,国际法只存在于纸上,而不是一个活势力。所谓国际义务尚未得当时统治者与军人之一般接受。

D　格罗特(Hugo Grotius)著作

所谓近世国际法元祖之格罗特为荷兰人,以一五八三年四月十日生于荷兰之Delft省。他除以法律家国际法学者著名外,且为有名的历史学者及神学者。在他之患难奔波中,曾投身于外交生涯。他有许多学术的著作,他死于一六四五年。

下列之两著作为格罗特在国际法上主要的贡献:

一、De Jure Praedae Commentarius,1604—1605　在一六〇四年,要求东方贸易独占权之葡萄牙人谋将荷兰东印度公司用武力驱逐出东方。荷兰公司则捕拿葡船以报复之。于是格罗特草有题为De Jure Praedae之著作,主张荷兰公司之权利。但此书迟至一八六八年始刊行于世。惟在一六〇九年当葡萄牙继续迫害荷兰人之时,此书之第十二章未经格罗特许可而刊行,题为Mare Liberum。[①] 在Mare Liberum中,格罗特主张海洋自由说,否认葡萄牙有对于外国商业封锁海洋之权利。

二、De Jure Belli ac Pacis　格罗特所以称为国际法的元祖,即因为他著有此书。格罗特于一六二三年在其流寓外国中,着手草

① 格罗特的Mare Liberum,现已有英译本如下:Hugo Grotius,The Freedom of the Seas,translated by Magoffin,1917(Carnegie Endowment).

此著作；书成于一六二四年，而刊行于一六二五年。虽说格罗特的前著 De Jure Praedae 已经从事于同类的工作，然 Jure Belli ac Pacis 完成之速亦大可注意。观于格罗特此书之出，则谓在他以前，未有人会对于国际法为更包罗的系统的论述，亦不为过言。此书之主要的动机，是在防止国际无秩序状态及战争之乱暴的行为。

De Jure Belli ac Pacis 之内容，适与近世一般国际法著作之配置，成一好对比。近世一般国际法的著作，总是从实体法开始，先说国家的权利，此部分一名为平时法（Law of Peace）。于实体法说完之后，始说战时法（law of war）。但在上述格罗特之书中，如其书名所示，战争为其最初而最重要的部分。实体法则反在战争法之后说述。①

格罗特所采之国际法学说，并不新奇；此即是他的先辈之学说，即谓国际法所包容者，主要的为自然法，而一部分为意志法或协定法（voluntary or conventional law）。但格罗特究有较他的先辈进步之处。他的新颖的处所，在其书中之最重要的部分，而此则为他的著作所以发生大效果之原因。

格罗特之书，在方法上诚多可疵议，但自其效果上评断之，则不能不说是最重要的著作。此书对于欧洲国际关系之观念为革命；对于玛基维尼（Machiavelli）一派专重权术的政治主义，加一致命的打击，而致卫斯特华里和约得以完成。

格罗特的学说大部分，后来为政府及军人所接受。欧洲统治

① 格罗特的 De Jure Belli ae Pacis 各国译本有多种。最新者为美国卡列基平和基金团（Carnege Endowment）于一九二五年出版的英译本，共为三卷，译者为 Kelsey 等。

者始觉得他们的自由不是无政府。在国际争议中,格罗特之书惯见援引,有时且引以攻击野蛮的战争。即在他的生前,此书已重版加注,刊行于世,如同经典。大半因为格罗特此书出世的影响,自然法与万国公法之讲座乃设于欧洲各大学,而此书到处用为教科书;战争行为,亦即时因之有改良之象,在十八世纪初头,西班牙王位继承战争中的行为,较之三十年战争时已大有改善。观于如此的大效果,格罗特之称为国际法元祖(Father of International Law),亦不为过誉。

但有须注意者,格罗特的学说并未即时全部为一般国家所接受。不过可以说至十七世纪之末,文明国家自认受国际法之拘束,其规则大半是格罗特所主张的。

E　卫斯特华里和约(Peace of Westphalia,1648)与国际法

近世国际法之成为一个活势力,影响于国际行为,实从卫斯特华里和约起始。卫斯特华里和约可说是近世国际法之诞生期,其理由如下:

一、卫斯特华里公会是近世史上处决国际关系的欧洲大会议之创举。此公会在欧洲外交史上开一新纪元。实际几乎所有的基督教国家均到会。不到会的惟有英国(时正有内乱),俄罗斯及波兰;他们仍列名于公会条约上。惟有异教的土耳其则既未到会,亦未列名于条约上。此公会之召集,足以证示一个国际社会之存在。此国际社会在一六四八年专以基督教国组成,换句话说,即近世国际法之发起者为基督教的欧罗巴。从那时以后,此社会日益扩张,而包容着非基督教的国家及非欧罗巴的国家。

二、在卫斯特华里公会所立之协定下,神圣罗马帝国治下之复多的社会,实际成为独立的国家。其结果是国际社会成为一个极广大的社会。国际社会员数之如此增多,有利于国际法之发达。因为此实给国际习惯规则以成长之地步。

三、新教国家脱离教皇的支配,德意志诸邦离帝国而独立。如是则卫斯特华里和约正式否认世界主权。世界主权之说,事实上已打破于宗教改革,兹则正式的永远取消。

四、卫斯特华里和约之条件,隐示承认格罗特主义,例如领土主权,国家独立之观念于此承认,因为和约上保障德意志诸小国之领土主权。一切国家以平等的权利集于一个社会,是申张国家平等之原则。

五、从卫斯特华里和约以后,常设使馆之惯习成立。此有以坚固国际社会之结合,而发达其友谊关系。

F 国际法学派之分歧

在近世国际法著作中,关于国际法的根据之学说,与格罗特及其先辈之学说有大差别。格罗特及其先辈说,国际法大部分之有拘束力,因其为自然法,依据于理性,而其小部分之有拘束力,因其是依据公认(common consent)。换句话说,依旧来的学说,国际法的根据有两重:其主力的首要的根据是理性,而其次要的根据是一般的同意。

近世学说则谓国际法全体之有拘束力,因为他依据于一般的同意。国际法之惟一的根据为consensus gentium。此学说摈斥曾为主要的根据之理性,而将那向来属于次要的根据之"公认"视为独重要。此项革命行于格罗特以后之三世纪中。欲将自然法原来在国际法上所占之地位推翻,不是一件容易的事。实则十七世纪后期及十八世纪前期,有些学者所赋与自然法之职役,较之以前格罗特所赋与者更大。普芬多夫(Samuel Pufendorf,1632—1694)在海德堡(Heideberg)大学担任第一任自然法讲座,宣言:自然法是国际法唯一的根据,国际法中只包含自然法,而未含有依据一般同意的部分。所以国际规则不能求之于国际交涉之纪录中,而当依哲学的方法,或于国家之本性及其存在之目的以推求之。

有少数极端论者附和普芬多夫,而共同的冠以"自然法派"(Naturalists)之名。

十七十八世纪之学者大多数承受格罗特之学说,通称为"格罗特派"(Grotius)。此派之最有名的学者为 Wolff(1679—1754)及 Vattel(1714—1767)。他们一面说国际法主依据自然法,同时亦承认其包含有协定的(conventional)部分。理性仍旧为国际法主要的根据;而同意则为其次要的根据。然而即在此时期中,国际法学已表现有脱离格罗特传习之征兆。有少数学者确已将同意作为国际法最重要的根据,虽则他们尚未全然抛弃自然法。他们将自然法视为不重要,而置重于同意。英人佐施(Zouche,1590—1660)及荷兰人边凯绍克(Bynkershoek,1673—1743)是此派之显例,他们说国际法主成于协定的习惯的规则,不能依哲理的推论以求之,而当求之于国际纪录中。此派的学者是视国际法全依据于公认的,是近世"实在法派"(Positivists)之创立者。

在十九世纪前二三十年,国际法学者如 Klüber, Heffter, Phillimore, Twiss 等,名义上仍属格罗特派,而其实已不然。他们已近乎"实在法派"。他们虽然宣言国际法部分的依据自然法,而在阐述其详的时候,他们全然忘掉自然法,而只认有那些得着列国公认的规则。

惟至十九世纪之末,始有全然打破格罗特传习之事。"格罗特派"退,而"实在法派"代兴。今日所谓"实在法派"者,实包括近世国际法学者之大多数，尤其是英美学者。他们较之此派的创立者更进一步，完全的最后的抛弃自然法。依此派之说，国际法那一部规则之有效力，不是因其为理性之所命，而其规则不是可依推理的程序发见的。国际法之有拘束力，因为国家自身承认之，而此等规则，当依归纳的方法，从国际交涉史上求之。但他们宣言"公认"是国际法之唯一的基础，此不是说国际法是一部不合理的规则。"实在法派"的主旨，不过是说，任何规则不能徒因其合理而即视为属于国际法系。在列为国际法规则之先，须先证明此规则实为国际社会内列国所承认。

国际法学发达以来，分为三派，即"自然法派""格罗特派"及"实在法派"，而"实在法派"最后制胜，已如上述。近世多数学者所以舍"自然法派，""格罗特派"而归依"实在法派"之理由，至易明白。将自然法与国际法视为一事之旧学说，原来是应付特殊的情势而立的。一旦此种情势消灭，则此学说之需要失去，而不复能成立。在宗教改革之后，欧洲国家不承认自己受何项规则拘束。为应付此情势，乃不得不诉诸自然法。格罗特及其先辈说，即令是独立国家，也须服从理性所命，因为此是不依赖何项人间的权力而自有其拘束力的。惟其宣言国际法系依据自然法，他们乃得导欧洲于行为的规则之轨道上。但一旦赖自然法学说之力致欧洲国家接受一部国际规则，则此部规则便是依据于"公认"，而旧根据之需要乃失去。

虽说格罗特的学说久已不真确，然其说究为未成无价值的。反之，依此学说之助，有许多改革引入国际法。加之，现今旧学说有时仍有用处。有时国际社会亦有诉诸自然法之机会。关于有些事情，并未有明了的国际舆论之表示。法律有时暧昧不确定。在国家之上，既无法院或立法院部，则唯一的方法是在诉诸理性，在考虑何者是最合理的解决。自然法尚可以解决法律上的疑难或填补法规的缺陷。不过如此采定之规则，非在已得到国际社会之承认后，当然不能改变国际法原则。

四　国际法之根据

近世国际法的根据是“公认”(common consent)，已如上述。然所谓公认，不是说国际社会内的一切国家均须明示的，就各项规则一一承认之，如此的公认决不能成事实。国际社会以国家组成。国家之生命说是永久不绝的，因之，国际社会之分子比较的是固定的，不过有时偶然有旧员丧失，新员加入之事。新员之加入，但依明示的或默示的承认行之。

国际法之习惯的规则依各国家之公认以成长。习惯的规则成长之程序大略如次。国家相互间的交际，需要许多国际行为的规则。在国家相互关系上，各国遇事依同样的方式行动，于是单独的习惯渐次成长出来。因为有些国际行为的规则从中世纪之末已急切需要，自然法学者仍依据宗教的，道德的，哲理的，历史的思考，创造许多规则，树其成长之基。格罗特的书(De Jure Bellie ac Pacis)供给一部系统的规则，如此的能适应时代之需要，致成为后来发达的基础。若不是文明国家之政府及舆论具有觉悟，觉得对于国际行为应当具备有法律的拘束力之规则，而事实上各国家又迫于他们的利益及此等规则成长之必要，则此等规则不会成长出来。及至后来，尤其是十九世纪，单是惯习的规则，明明犹嫌不足，或不充分明确,新规则乃依“造法的条约”(Law-making treaties)以造成,此等条约是为未来的国际行为立法者。如是而协定的规则渐与习惯的规则并行的成长出来。

新产生的国家依明示的或默示的承认加入国际社会,也就由此承认了在加入当时现行有效的那一部国际行为的规则。所以今不必就国际法所有的规则一一证明其得有国际社会内列国之承认。任何一国,在其加入国际社会之时,不能说他是愿意服从国际法之某项规则,而不愿意服从其他的规则。加入国际社会,带着服从一切现行国际法律之义务,惟条约之特别指明专适用于缔约当事国,或随后加入条约的国家者,于此为例外。

在他方面,国际社会内之国家,不能随时宣言不再服从国际法上某项公认的规则。此部法规只能依列国同意以变更,而不能徒以任何一国之单独的宣言变更之。此项原则不仅适用于习惯的规则,并且适用于依造法的条约而成立之协定的规则。但若在条约上明认缔约国有宣告退出之权者,则此原则不适用。

五　国际法之渊源

关于国际法源之种数,学者意见常不一致,其理由在各人对于法源(source of law)之观念有差异。狭义的说,法源是指法律的规则所依以成立之方式或程序。依此解说,吾人可说国际法源(sources of international law)是指国际法的规则所依以成立之方式或程序。

从实在法派之见地观察,国际法之根据在于组成国际社会的列国之公认;国际法全以文明国家共认之原则与规律构成。于是则凡一切的方式为“公认”所依以表白者,即是国际行为的规则所以成为国际法之方式,亦即是国际法源。

公认之表白,或是默示的,即各国在一定的情事,继续依同样的方式行动;或是明示的,即列国缔结条约,定出行为的规则,相约将来共同遵守。换句话说,公认或是默示的表白于惯例;或是明示的表白于条约。惯例(custom)与条约(treaties)是国际法之两个渊源。

惯例　国际惯例之成立,基于列国的惯行,换句话说,即由于他们在相互关系上继续取同一的行为。但国家是一个抽象物,不能自己有所作为。国家之行为必依国家之机关或代表以实现。国际法所关涉者,通常为行政部之行为或其他由政府委任主持军事动作的海陆军统帅之行为。有时立法部与司法部之行为,于此亦关重要。①

列国的惯行,不一定都造成国际法。国际惯行之能构成惯例,产生国际法,必是国际社会已有一种感觉,觉得此类规则在法律上有拘束力。至于此种国际惯例,何时始为成立,则是一个事实问题,而非理论问题。理论上所解说者是:凡值列国惯取的某项国际行为,一经认为在法律上正当而有拘束力,则从此种行为推出的规则,即是惯习的国际法规则(rule of customary international law)。

惯例是国际法之最初的渊源。惯例是国际法中实体法部分之主要的渊源;在国际法之此部分,协定的成分殊少。

条约　国际条约之缔结,有种种不同的目的。多数条约,于国

① British Year Book of International Law,1929,pp. 77 – 80.

际法规则之创造无关系，例如割让条约，同盟条约，保障条约等。条约之能为国际法源，必其是为未来的国际行为立出新规则，或是确认或解释或废止既存的规则者。

有两类条约可为国际法之渊源。

（一）一对国家间或一小群国家间缔结之条约，其目的在使缔约国放弃法律上的权利或承受法律的义务之可对于一切国家遵守者。假定一国依同盟条约对于他国约定，如被攻击，当相援助，因此而生之国际义务是不能对于一切的国家履行的。此种条约，在国际法上自无造法的效果。但若是一国对于他国约定交出逃入境内之罪犯，因此而生之义务，则得对于一切国家履行。于是当一对国家或一小群国家缔结此类条约时，其所规定之行为，对于缔约当事国之各方课有义务，但对于其他国家不发生效力。既存的法律于此并未有何变更。而在他方面，如果许多对或许多群国家缔结同样的条约，皆规定有如此同一的新行为，其结果则吾人可由此识得一个国际惯例，而法律可因之变更。换句话说，凡值多对或多群国家间订立之条约，如其涉及如许多的国家，致新行为成为通例，则此种条约具有造法的（law-making）效果。

（二）在国际公会订立之条约，其内容涉及国际行为的规则，适用于一般国家者。此等条约称为“造法的条约”（law-making treaties）。国际公会之可为立法的工具，于十九世纪中始渐认识出来。

立法的事业最初试行于维也纳公会（一八一四——一八一五年）。维也纳公会所成就的立法工作尚不甚大。国际立法事业之更重要的一步，实行于千八百五十六年之巴黎公会。巴黎公会于处决政治问题以后，尚签订有一个重要的国际文件，即巴黎宣言（Declaration of Paris）；此项宣言，制定了几条重要的海战法规。

在最近三十年内，国际立法事业盛行，有几个国际会议与战争无关系，而完全直接具有立法的目的。不过一般的说来，此等国际会议尚只议及战争法规及国际争议平和处决方法，而未涉及于实体法。说者谓此等立法的公会皆是战事的公会，此其意不是说他们是为收束战争而开，而是说他们是专为战事立法，即所谓海牙平和会议，亦是如此的性质。惟有千九百十九年之巴黎和会，于此开一新纪元，此公会一方面为收束欧战，同时又对于一般国际问题，成就有根本的立法事业。

在公会中所订之条约，通常冠以宣言（declaration）或最终议定书或总约（final act）之名；他们在国际法上视为与国内法之议会条例（statute）相当之部分。不过两者之类似不可过于夸张；国际条约与国内立法，实有重大的差别，不可视同一律。

除惯例与条约之外，学者尝列举有其他国际法源，兹述其重要者如下：（一）各国政府关于国际事务之文书（在条约以外的）；（二）仲裁判决；（三）有名的公法家学说；（四）捕获审检法庭之判决及其他国内法庭判决；（五）政府为指导官吏及法庭而下的训令。凡此诸项，虽对于国际法之发达，多少有所贡献，然将他们与惯例及条约同视为国际法源，则是错误。

六　国际法之分划

由上所说，吾人已知国际法是法律之一分支。国际法学亦即是法学之一分支，其所考究者不是哲理道行，而是实用的规则。从国际法之起源上着眼，分国际法为自然法与意志法之两大部，其不合于实在法派之立场，自不待说。依实在法派之说，国际法唯一的根据在于公认，此外则不认有所谓自然法可以构成国际法之一部分者；如是则旧来的自然法与意志法之分别当然不能成立。

唯一个合理的分割标准，是在众国际法之内容上着眼，从他包容的材料上着眼。然而旧来依内容以分划国际法部类者，亦多不能满足科学的要求。

依内容分部之最古而最有势力者，为战时法与平时法之分法。此种分法，表现于格罗特之书名（虽则未应用于内容）。而为后来大多数学者所采用，以至于近时犹盛行。此项分法之可取处，在能于平和状态之国际关系与战争状态的国际关系之间，表出一个极明显的区别。然而在国际法之继续的发达中，两部分之间已生出不均衡的关系。虽说在国际法之起初，战时法几占有全部的注意，而今则平时法之范围日扩大，日见其重要，而战时法有降成例外法之倾向。并且上项分法亦易使人起误解，以为对于不同的情势有不同的法律，此实有伤法律之单一性。加之战时法之观念有时可广可狭，而在其广的观念上所包含之规则可涉及防免战事之手段，如是则分划明了之度更为之减。然而多数学者尤其是英美学者，仍固守平时法（或国际常规的关系之法），与战时法（或国际变则的关系之法）之分划。

有的大陆学者将国际法分为关于人（personnes）之法，关于物（choses）之法，关于义务（obligations）之法，及关于诉权（actions）之法；此项分法原来取自私法。古代学者未精心将国际法之材料与国内私法，公法之材料分开，其有此项比拟，自不足怪。近世学者如庞惠斯(Bonfils)等犹采用此分法。[①]

学者亦有采用实体法(droit materiel, substantive law)与形式法(或程序法, droit formel, adjective law)之分划者。此项分法不仅较合于逻辑,并且在实用上亦殊便利。既然是承认国际法为一个纯粹的法学科目,自应分别真正的法律的实体与维持实现此法律之程序;前者为实体法,后者为形式法(或程序法)。此项分别存在于私法中。如此的分法,能将国际法包容的材料纳于两个性质分明的部分,立出一个简单明了的系统。最近荷兰法学者鲁特(Louter)氏于其新出版的国际法著作中,即推崇此项分法而采用之。[②] 吾人今后关于国际法本论之讲述,亦即采此分法,分国际法为实体法与形式法(或程序法)之两大部门。

① Bonfils, Mannel de Droit International Public. 7me éd. (1914), par Fauchille.

② Louter, Le Droit International Public Positif, 2 vols (1920).

本论 · 卷上

实体法

第一编　国际法之主体

第一章　国家

第一节　国家与国际人格

国际人格之意义　一般的说来，在法律中，凡属一项权利，必有权利所寄托的主体。法律上之所谓“人”（person），是特指能享权利负义务之个体而言。在国际法上，凡能为权利义务之主体者，是为具有国际人格（international personality）而称为国际“人”或国际“人格者”（international person）。

国际人格者之种类　国际人格者之观念出自国际法之观念。因为国际法是文明国家认为在他们相互关系上有法律的拘束力之一部规则，凡属于国际社会之文明国家，皆是国际人格者，皆能为国际权利义务的主体。现今国际社会于国际联盟（League of Nations）之名号下渐成一个组织的社会，具有其特有的权利义务；于是国际联盟于列国以外，自成一个国际人格者。

除国际联盟以外，惟有国家或国家联合（union of states）是国际人格者。英国之自治殖民地（self-governing Dominions），如坎拿大，澳斯大利亚等，向来在国际关系上视为属于英帝国之一部分，而自一九一九年巴黎和会以来，显然取得国际地位，此等殖民地，现今至少亦可说部分的具有国际人格。

第二节　国家与主权

国家之观念　除国际联盟以外，惟国家或国家联合能有国际人格。从国际法之见地看来，凡有一部分文明人类占有一定的土地，结合于一个安定的常设的政府组织之下，多少具有独立或主权，是即有一个国家存在。于是国家存在之要素有四项：

（一）人民　国家之基本的要素是人民。凡称国家，必为一群文明人类之结合。至于人口之多寡，或其中种族信仰之异同，皆非所计。

（二）土地　国家之存在，必有人民所依以聚居之一定的地域。迁徙无常的游牧种人，不能构成国家。

（三）组织　一国必有一个常设的组织的政府。无政府的社会不成国家。

（四）主权　严格的说来，主权是一国最高的权力，是不受任何人世权力支配之权力。换句话说，主权是说一国之完全的独立。凡属国家组织，必多少具有主权，多少是独立的。国家纵不是完全的保有主权，也须是部分的具有独立地位。凡一社会虽有政府组织，而完全未有自主之权，一切受命于外界权力者，是仍只能视为一国的省分或属地，而不足以当国家之名称。

主权之性质　就国际法说，一国的主权当然不是对于他国之最高权。主权之第一义是独立；所谓主权的国家，是谓国家之全不受他国支配者。而在附带的次一义，主权亦寓至尊，最高之意。一国既然完全对于他国独立，必然对于其国内人民是至尊的，至高的，自人民视之，未有高于国家之权力。

主权有两个表征，即：对内的(internal)及对外的(external)。对内的主权，是说关于内政处理之不受外界支配。对外的主权，是说关于对外关系之不受外界的支配或干涉。常规的国家属于所谓主权国(sovereign states)，有时亦称为完全的主权国(full-sovereign states)，概是完全兼有对内的及对外的主权者。然亦有国家究未具有完全的主权，而于国政之一部分受外界的支配者，此等国家，可称为非主权国(non-sovereign states, Ltats non souverains)或半主权国(half sovereign states)，或部分主权国(part-sovereign states)。凡在他国宗主(suzerainty)下之属国(vassal states)或在保护关系(protectorale)下之被保护国(protected states)，均属于此类的国家，他们虽不能说是完全未有国际人格，但是他们的人格是不完全的；他们仅于有些处所，在国际法上为权利义务的主体；换句话说，他们是不完全的国际人格者。

于是则在国际人格者之中有常规的(normal)或完全的(full, perfect)国际人格者，及变则的(abnormal)或不完全的(imperfect)国际人格者之分别。凡主权国，完全为国际法之主体，属于前者；凡非主权国，部分的为国际法之主体，属于后者。

第三节 国家之承认

承认之必要 国际法之根据在于文明列国之公认，仅以国家之资格，不能即为国际社会之一分子。世亦有国家(虽其数渐减)

因为文明程度不及，尚不是此社会之一分子或不是一完全的分子者。现在组成国际社会之分子，或是原始的分子，即是说国际法原来从他们中间成长出来。或是被既存的分子承认加入之新分子。至于一切国家之尚未为国际社会之一分子而欲加入者，则承认之手续是必要的。国家惟依承认乃能成为国际人格者。

一　承认所由起之情势

承认所以发生之情势，学者通常称之为两大类：其一是泰西式的新国家之产生及组成；其他是既存的东方国家之加入国际社会。

第一类情势可细分为四项：

（一）属于旧国家一部分之社会，依武力分离出来，组成独立的国家。在此项场合，承认之问题最为困难。待承认之社会既然于他国为反叛的团体，则预备承认此社会之国家须先审清事势，确定此反叛的团体已经最后的获得自由，而立于安定的基础上。第三国对于反叛之是非曲直，固可完全不论。他们之所依以决定承认之行为者，是在此待承认的社会的独立之实在及持久。第三国当审清实在的情形而后决定态度。过早的承认，对于原主国为大损害，可以构成战争之口实。

究竟待承认之反叛社会何时方可说是已经确定的争得独立，则是事实问题。一般的说来，此项事势可于几个事实表示之，即：或是反叛的社会完全打败了原主国或母国；或是母国已表示不再努力去征服叛团，或是母国虽然努力，而明明无力征服此团体。一旦原主国或母国自己已经承认此社会的独立，他国当然无再延搁承认之理，虽则他们亦并无必予承认之义务。

承认适时之最好的例，是为英国在一八二五年之承认南美各国（原属西班牙殖民地而独立者），因为彼时西班牙本国已经无力征服他们。而一七七八年法国之承认北美十三国同盟，是为过早的承认之显例，其结果则英法之间发生战争。一九〇三年美国之承认巴拿马，亦是不适当的承认。

（二）属于旧国一部分之社会平和的分立为国。承认问题，于此无何等困难。原主国对于其治下一部分土地许其分立，是自己先已承认此社会之分立。其他国家自可以安然承认之。不过新国家之如此成立者甚稀。巴西曾依平和的协定与葡萄牙分离，而在一八二五年正式为葡萄牙所承认。瑙威于一九〇五年依平和的协定与瑞典分离，瑞典于同年十月正式承认之，英国于十一月承认之。

（三）新国家依数国之联合以组成。数个既存的国家改组新国，是否尚有承认之必要，此为一疑问。既存的已经承认的国家之联合，似自始即是一个常规的国际人，部分既经承认，全体似可不须再经承认。实际上则此事不发生问题，第三国可以即时安然承认之。德意志帝国于一八七一年之伦敦会议正式被承认。

（四）一群移民在无主的土地上自己新结成国家。如果待承认之社会不隶于何国治下，其土地不属于何国之一部分，则承认之问题，不涉及他国之权利，而可自由决定。此处所须注意之点，是：究竟是否实在有一个可承认的国家在。在承认之先，应审定此新社会确是组织于一个适当的安定的政府之下，确是一个具有组织之政治的团体。如此的新国家，造成之机会甚少，因为世界上已罕有无主之地可供人组织新国家者。但在前世纪有许多的国家如此的生长于非洲。里倍利亚（Liberia）组成于一八四七年，承于一八四八年。南非共和国(South African Republic)被承认于一八五二年。而一八八五年列强之承认公果自由国(Congo Free State),亦是一个不适当的承认之例,因为当时列强所承认者,实在不是一个真正的国家,而是一个变则的殖民团体。

第二类的情势较为简单。近世国际法在十六十七世纪中,在欧洲列国中间成长出来,欧洲国家实为国际法发达之中心。他种文明国家欲加入国际社会,须得他们承认。土耳其帝国依一八五六年之巴黎条约正式加入欧洲团体,而波斯,中国,日本等亦依多少同样的形式取得类似的承认。他种文明国家之加入国际社会,说是必须达于一定的文明程度,这些社会至少在思想上组织上必须如此的近似欧洲社会,至能了解而且遵守他们公认的相互关系上行为的规则。

二　承认之方式

国家承认之方式,可大别为两类:即直接的方式与间接的方式。

直接的方式　直接的方式可举出四个:

(一)对于新国家一致明文的宣言,表示承认。此为最正式的方式。美国之承认公果(一八八四年),即依此方式。

(二)承认国与被承认国之间缔结的条约中,附有一个声明承认的条文;例如德帝国之承认公果(一八八四年),即采此方式。

(三)多数国家(包含新国家在内)在公会签一议定书,表示承认。德意志帝国即如此承认于一八七一年之伦敦会议。

(四)多数国家(不包含新国家)签一公约。其中含有宣言承认的条文。一八七八年之柏林条约承认塞尔维亚,门的内哥罗及罗马尼亚之独立,而此等国家并不是此条约之缔约当事者。

间接的方式　间接承认的方式,可举出四个如下:

(一)旧国与待承认的新国之间缔结条约,是即对于新国之一种默示的承认,即令此条约上无一语说到承认。例如法兰西与北美十三州同盟在一七七八年结有通商同盟条约,即为法国承认美国之表示。

(二)国际会议容纳新国之代表与会,即是承认新国;例如一八八五年公果即如此的被柏林会议承认。

(三)旧国与新国交换外交代表,即是承认新国。

(四)旧国正式接受新国所派之领事,亦是承认之表示,又旧国正式派遣领事于新国,而自新国受有"领事执务证"(exequatur),亦构成承认新国之证,因为如此则两国已开始公式的交际。①

政府之承认　既存的国家,遇有政体变更或政权移转之事,尤其在革命之后,亦发生新政府的承认问题。一般的说,政府之承认与国家之承认,适用同一的规则。外国是否当承认某一新政府,在何时方予承认,此属于该国政策问题,通常是依新政府的安定程度及其履行国际义务的能力而决定的。不过对于握有适当权力之政府,久不承认,不但可以引起反感与报复,而且事实上亦有许多不便利。近世的惯例,是分出事实的承认(de facto recognition)与合法的承认(de jure recognition)之两层程序。合法的承认是完全的永久的承认,涉及全部的正规的外交关系;而事实的承认则其作用只限于满足通商及其他实际的需要。外国如不愿与一新政府发生正

① 一个国家经国际联盟大会通过,加入国际联盟,似亦构成一种承认。

式的外交关系，不愿为完全的承认，则可以在合法的承认之前，暂为事实的承认。例如英国于一九二一年与苏俄政府订立通商协定，为事实的承认，而经过数年之后，乃于一九二四年给予合法的承认。

第四节　国家联合

国家联合　国际人格者通常系单一的主权国。在此单一国中，只有一个中央权力，他在内在外代表国家全体，他主持本国与其他国际人格者之关系。然而依历史的事实所示，通常单一国之外，国际社会尚有数家联合或复合国（composite states），因之有所谓复合国际人格者。（composite international persons）。

自国际法视之，凡遇有两个或两个以上的国家如此的连结，在国际社会中全然或部分的构成一个国际人格者，是即有一个复合国际人格者存在。至于在此等联合中，关于内政，究竟是并成一国或分为多国，则非国际法之所问。国际法之所问者，是：何种联合在对外关系上并成一个单一体，换句话说，即产生一个新的国际人格者，以代原有的数个国际人格者；何种联合保持组成分子自身之国际地位，任他们分享对外关系的国权。在第一类中有对物联合或政合国（real unions），联邦（federal unions），而在第二类中则有对人联合或君合国（personal unions）及邦联（confederation）。

此外尚有所谓 incorporate unions 者，有的国际法学者亦纳于国家联合之列。实际则此项联合已失去国家联合之性质，而成为单一国家，其内政外交全然置于唯一个中央政府之下。不过此国家之组成,原基于以前数个分立的国际个体,所以尚存联合之形。现存的实例,有大不列颠爱尔兰联合王国(United Kingdom of Great Britain and Ireland);此联合成于一七〇七年英吉利苏格兰之联合与一八〇〇年爱尔兰之合并。从一九二二年爱尔兰自由国成立以后,只有爱尔兰北部属于联合王国。

对物联合(政合国)　有两个或两个以上的国家,结合于一个统治者之下,关于内政各自独立,而关于外务,则合为一体,以共同统治者之名义执行,是为对物联合或政合国。此项联合新组成一个国际人格者,虽则在内政上是分立的组织,严格的说来,对物联合或政合国自身并不是一个国家;此不过是两个或两个以上的主权国之联合,新构成一个复合的国际人格者而已。他们在对外关系上混为一国,依联合条约,不得相互交战。而在他方面他们不得单独对外国作战,外国亦不能单独对他们中任何一国开战。他们可以缔结通商条约,罪人引渡条约等类协定,但总是联合政府为他们缔结,因为分开起来,则他们不是国际人格者。现今已无对物联合之实例。瑙威瑞典联合既于一九〇五年分裂,奥匈联合则亦于一九一八年随欧战结果而破坏。

联邦　凡有多数邦国,结成永久的联合,具有宪法及机关,对于各邦及其人民能直接行使权力,则成为一个联邦(federal unions, federal state, Bundesstaat)。在联邦中,对外关系完全由中央机关主持。而在他方面,其组成分子之各邦在内政上虽然多少是自主的,而关于外务,则全然合为一体。联邦构成一代表联合全体之国际人格者,而各邦则无何等国际地位,不复能视为国际人格者。(旧德意志帝国之各邦许保有多少国际关系,则为例外)。就法理上说,联邦自身即构成一个真正的国家,因为他的机关直接对于各邦人民行使权力。一七八九年以来的北美合众国，是联邦之代表的实例。

邦联　一群主权国家为维持他们的安全与独立，依国际条约，组成一个联合，具有自己的机关，对于各邦行使若干权力，而不对于各邦的人民行使权力，如此的联合是为邦联（Staatenbund）。在邦联中，组成此联合之各邦，保有自己直接对外交涉之权利，不过关于有些对外关系，则有一中央权力代表全体，此是邦联和联邦在国际法上性质不同的处所。邦联也如对物联合，然自己并不组成一个国家，此是一个国际性质的团结，因为各邦仍不失为主权国，而自居于国际人格者之列。不过他们不是完全的国际人格者，因为对外关系之一部分，由中央权力主持，而此中央权力，则亦自成一个国际人格者（虽然亦是不完全的）。邦联之唯一的机关，是所谓总会（diet），此为中央权力之所寄托，而各邦依外交特使代表于此。

邦联之组织，在现今已不存在。一八〇五年至一八六六年之德意志同盟，是历史上一个重大的实例。

对人联合（君合国），两个主权国向来各自具有国际人格者，依一偶然的事实，即：他们共戴某个人为君主，形成一个联合，是为对人联合，或称君合国。例如从一七一四年至一八三七年英国与汉洛瓦（Hanover）之联合，即是对人联合，因为英国国王同时兼为德意志的汉洛瓦国之君主。此种联合之例现今已不可复见。惟有从一九一八年以来丹麦与 Iceland 之关系，有的学者视为一种君合国。①

① Oppenheim International Law, Vol. I, p. 177 (note 1).

严格的说,所谓对人联合,不但不构成一个国家,并且不算是一个真正的联合。所谓对人联合中之各国,自己完全保有主权,任何一国,关于内政外交绝不受他一国之牵连,则联合之特征实不存在。于是组成此联合之诸国,仍各有独立的国际人格,而所谓联合自身却不构成一个国际人格者,且亦从未被人如此看待。此是对人联合与邦联之不同的处所。就理论上说,对人联合中的各国,亦可以自相战争,不过实际上因为共一元首的关系,此事决不会发生。

第五节 部分主权国

部分主权国之性质 通常一国政府对内对外,完全行使主权。但例外的亦有国家自己的政府仅行使一部分主权,而其余的部分赋予他国的政府或一个中央权力行使者。如其所保留于自己行使的部分限于对内主权,而以对外主权完全委诸外界的权力,则此国已失其国际地位,在国际法上不算是国际人格者。若是权力之分划施于对外关系上。本国行使一部分对外主权,而他部分委诸外界的权力,则此国仍不失为国际人格者。惟以其主权之不完全,在国际法上常称为半主权国(half sovereign states)。然以半主权之名词,不免有两国平分主权的误解,故以改用部分主权国(part sovereign states)之名称为适当。

部分主权国中可分出被保护国(protected states),属国(vassal states),及邦联分子国(member-states of a Staatenbund)之三大类。

被保护国 在国际社会常见有弱国依国际协定,永久置于他国保护之下。一方面他以一部分(常是重要的部分)对外主权委诸保护国,而在他方面,仍不完全丧失自己的国际人格。此种国家称为被保护国(protected states)。保护国对于被保护国之关系,称为保护权(protectorate)。在国际社会的地位,保护国高于被保护国,后者失去对于重要的外务之主持权,因之其主权不完全,而成为部分主权国。

保护关系未有确定的界限,保护国与被保护国之相互的权利义务,当实地就各保护条约之条文审定之。但无论如何,保护关系成于国际协定,他国对于此项保护关系之承认,实于保护国之在国际关系上代表被保护国为必要。被保护国多少维持其在国际社会的地位,于一定的限度内不失为一个国际人格者,不失为国际法之主体,被保护国决不能认为保护国之一部分。于是则在保护国对第三国开战时,被保护国不一定即为战争之当事者。保护国所缔结之国际条约,亦不是当然适用于被保护国的。

在欧洲方面已不见有重要保护关系存在。现存之实例,为 Andorra 之受法西两国共同保护,San Marino 之受意大利保护,及 The Free City of Danzig 之受国际联盟保护。但保护关系惯行于欧洲以外的邦土。法国之于突尼斯(Tunis,从一八八一年起)及摩洛哥(从一九一二年起)形式上皆是一种保护关系。

保护关系在最近有两个重要的实例,即高丽之于一九〇五年成为日本的被保护国,而于一九一〇年合并于日本,埃及之于一九一四年成为英国的被保护国,而于一九二二年由英国宣言废止保护关系,而承认他为独立国。

属国　有些国家关于内政有自主权,不受他国支配,而关于外务,则或是绝对的或是大部分受他国的支配;此等国家称为属国,而对于他行使支配权之国则为宗主国(suzerain state)。宗主国对于属国享有之权力为宗主权(suzerainty)。

宗主国与属国之关系随情势而异,对于属国在国际社会之地位殊难立一确定的准则。属国是部分主权国,但不一定保有国际人格。如果属国绝对与他国不生关系,其对外关系全然为宗主国所吸收,则此属国决不是国际人格者。但近世一般所谓属国,究竟多少在国际社会可以有地位的,因之在有些处所,可视为国际人格者。例如往昔在土耳其宗主权下之埃及及保加利即具有国际地位,他们可以对外缔结特种条约,如商约及邮政协约之类。现今此种宗主国已渐绝迹于国际社会。埃及于一九一四年由土耳其之属国变为英国之被保护国,而今则成为独立国。依一九一五年之中俄蒙恰克图协约,外蒙古曾认为中国的属国。

邦联分子国　组成邦联(Staatenbund)之合邦,在国际社会处于变则的地位。此等邦国原来是分立的国家,仍各保有其对外主权,不过以其一部分委之于联合组织。于是自国际法视之,邦联的分子国,属于部分主权国。他们具有真正的国际人格,不过其国际人格是有限的。

第六节　永久中立国

永久中立国之性质　永久中立国(permanently neutralized states)在国际社会的地位亦是变则的。凡国家依特种国际条约,约定永久守中立,而在他方面,列强承认其中立而保障其独立及领土完整,是为永久中立国。永久中立条约,发生两方面的义务。在永久中立国方面，决不对他国开战（除防卫外），亦决不加入可以致间接卷入战争之何项国际协定。而在保障国方面，决不自己侵犯永久中立国之中立，而且阻止第三国之侵犯。

永久中立国之设立，一方面为保全弱国的生存，同时亦为造成所谓“缓卫国”（bufer state），以减少强国的相互冲突点。

永久中立国的实例　在十九世纪中，欧洲有三个永久中立国，即瑞士，比利时，卢森堡。瑞士于一八一五年定为永久中立国；比利时则于一八三一年，卢森堡于一八六七年被认为永久中立国。此外在欧洲尚有克拉科（Cracow）永久中立（一八一五年）之例，在非洲有公果自由国永久中立（一八八五年）之例。不过公果之中立，是未受列强保障的，此与一般永久中立国性质不同。克拉科于一八四六年合并于奥大利；公果于一九〇八年并入比利时。

现今所余的中立国惟有瑞士。比利时卢森堡之永久中立，均于欧战后依一九一九年之乌塞和约取消。

永久中立之效果　永久中立国在对外关系上所受之限制，可大别为两类：

（一）缔约权之限制　因为中立国除防御外不得从事战争，他乃在平时国际关系上之行动亦受限制。中立国不得缔结与中立地位不相容之条约，如攻守同盟条约，保障条约等。中立国非经保障国同意，不得依条约割让领土，至于中立国是否可以不经保障国同意取得新领土，尚为争论之问题。

（二）军事上的限制　永久中立国不得为攻击的战争，不得加入第三者的战争，亦不得许外国军队过境。

永久中立国之国际地位，有的学者将永久中立国置于部分主权国之列，因为他不能从事攻击的战争，不能缔结同盟条约等，似其对外主权有欠缺，但是此说不确。永久中立国仍是完全的主权国家；永久中立之条件，虽则限制他的国际行为，并未破坏他的完全主权。因为中立国并未割去自己一部分，对外主权任保障国行使；他所约定者，不过是在某某特定的情事，不行使此权耳。所以永久中立国在国际社会虽处于变则的地位，究竟尚未降于部分主权国之列。

第七节　国际联盟

国际联盟之目的　国际联盟（League of Nations）为一九一九年巴黎和会的产物，在国际法上占有特殊的地位。联盟自有"规约"（Covenant）为其根本法；此规约构成乌塞和约（及同时所订其他和约）之第一部。联盟具有两个目的，即：（一）维持国际和平，（二）增进国际互助。

联盟之性质　关于联盟之法律的性质，在国际法学者之间尚无一定的解说。无论如何，联盟不是一个"超国家"（super state），亦不是一个联邦。他自身不构成一个国家，亦不能在分子国之上行使何主权。有人将联盟认为邦联，表面上似乎相当，实则联盟尚未合于邦联那种国家联合之性质。联盟虽亦有其机关，但不能对于组成联盟之列国直接行使何项权力。而在他一方面，联盟亦不是仅属通常国际同盟（international alliance）之性质，因为联盟有其常设的机关，而具有战争以外的作用，而同盟则否。联盟可说是一种新的国际组织，意在将既存的无组织的国际社会，化为组织的国际社会。联盟有他自己的机关，在国际关系上具有他自己的权利义务，行使独立的职权，于是在各分子国之外，自成一国际人格者，自成一国际法的主体。①

联盟之组织 国际联盟以三类分子组成。第一类分子为和约签字者而名列于"规约"附件上之邦国；此等邦国，随和约之成立当然为盟员。第二类分子为不属和约当事者而名列于"规约"附件之邦国；此类国家，当于"规约"实施两个月内，宣告无条件的加入联盟，成为盟员。第三类分子为名不列于"规约"附件之国家或完全自治殖民地；此等邦国欲加入联盟须得联盟大会三分之二多数通过，且满足下之两条件：（一）具有履行国际义务的诚意之保障；（二）接受联盟关于他的海陆空中军备之规定。第一第二两类分子在规约上称为创立的盟员（original members of the League）。联盟之组成分子非绝对不变动的，新盟员既可以加入，既存的盟员亦许有脱离联盟之情事。凡盟员可以自动的脱离联盟，但须有两年的预告，并在脱离之时，履行了一切国际义务。Costa Rica 及巴西（Brazil）两国即曾依此手续脱盟者。②

国际联盟设有四个常任机关：

（一）理事会（The Council） 理事会可说是联盟之干部，其组织为寡头的。该会之组成分子在"规约"上原定为九国代表；其中五强（英、美、法、日本、意）之代表资格为永久的，其代表在该会为固定分子，以外四国则由大会随时选定。但理事会经大会多数同意，得增加理事会永久会员或非永久会员。非永久会员，始于一九

① Oppenheim, International Law, Vol. I, Chapter IV.

② 西班牙曾于一九一六年一度宣告脱盟，但未实行，而于一九二八年仍回联盟，日本于一九三三年宣告脱盟。

二二年经第三次联盟大会增加为六国，继于一九二六年再增加为九国。而永久会员则于一九二六年新加一德国。理事会依情事之要求，可择地随时开会。在理事会会议时，有代表权的列国，各只许有一个表决权。

（二）大会　大会（The Assembly）可说是盟员的总会，凡盟员均有派代表出席之权，但每员代表不得过三人。大会每年于一定的期间（现定为九月）开会于联盟之所在地（日内瓦）。大会及理事会之决议，除规约上别有明文规定外，均须依全体一致为之。

（三）秘书处　秘书处（The Secretariat）之主脑为秘书长（Secretary General），其下置有若干秘书员等，可说是联盟之永久事务官，秘书处实为联盟机关中常设的部分。秘书长由理事会经大会之同意任命之。

（四）常设国际法庭　依"规约"第十四条，联盟当设立一常设国际法庭（Permanent Court of International Justice），其职权在审理一切具有国际性质而经当事者提出之争议，并得对于理事会及大会委交该法庭审议之争议事件或其他问题，提出意见。此法庭的组织法于一九二〇年联盟第一次大会通过，其判官于一九二一年第二次大会开会时选出，现已在海牙开始执行职务。此法庭以十一个正判官及四个预备判官（deputy-judges）组织之，他们由理事会及大会各自投票选举，以在两机关同时得多数票者为当选。①

在联盟之机关中，大会与理事会的权限分别不严明，两机关皆有议及一切属于联盟活动范围及有关世界平和的事件之职权。实

① 一九三〇年国际联盟大会改选国际法庭裁判官，将正判官名增至十五人，预备判官名额仍旧。

际理事会之地位最占重要，他是代表少数列强势力，而可以时常开会的。

联盟之职务 国际联盟，自其设立之目的上着眼，可分其职务为消极的与积极的两种。

（一）消极的职务 此为关于维持国际平和之职务，如裁减军备，保障盟员的领土完整与政治独立，依司法仲裁或和解之方法解决国际争议，对于违犯盟约擅开战端之国家加以制裁，注意国际危险，防止秘密外交，复查国际条约等是。

（二）积极的职务 此为关于国际共同利益之职务；如殖民地之委任统治，国际社会公益事业之协定，国际事务机关之管理等是。

现今国际联盟已经包容国际社会大多数的国家。联盟成立后陆续经大会容纳新盟员的结果，在一九二二年第三次大会结果，已共有五十二员。一九二三年第四次大会又容纳爱尔兰，阿比西尼亚（Abyssinia）诸国，其数更扩张。一九二六年德国加入，其后数年又有土耳其墨西哥诸国陆续加入。截至一九三三年六月为止，盟员总数为五十七，世界重要国家中，现今尚不在联盟者，只有美，俄，巴西等。前者概称为“联盟国”（memberstates），后者属于所谓“非联盟国”（non-member states）。①

① Pollock, League of Nations; Butler, Hand-Book to the League of Nations; Eaglaton, International Government. 参看拙著《万国联盟》，及《现代国际法问题》。

第八节　自治殖民地

在原则上，惟有国家（或国家联合）及国际联盟，能为国际人格者。一国的属地或殖民地，无论如何广大重要，向来不认有何国际地位。但现今英帝国中所谓“自治殖民地”（self-governing dominions）于此为例外。英属自治殖民地在对外关系上向亦只认为英帝国的一部分，而不认为独立的国际人格者。然从一九一九年巴黎和会以来，他们（除 Newfound land 外）的地位根本大变，再不能不认为具有国际人格。坎拿大（Canada），澳斯大利亚（Australia），纽西兰（New Zealand）及南非联邦（Union of South Africa）在和会中除派参加英帝国代表团外，尚以次等国同等之资格，享有独立的代表权。他们对于巴黎和会议定之诸和约，亦各别的签字。国际联盟规约，更将他们悉列于创立的盟员单中，在联盟中各自成一独立的组成分子。澳斯大利亚，纽西兰及南非联邦且各从国际联盟直接接受土地委任统治状（mandates），对联盟负责任；而坎拿大则于一九二七年当选为联盟理事会非永久会员。自治殖民地并且取得独立对外谈判条约之权；而英帝国所订之条约，非经他们的议会同意，于他们不发生拘束力。坎拿大于一九二〇年取得自置公使于美京之权，而于一九二六年实行之。于是则此等自治殖民地已经构成国际社会之一分子，能独立的享受权利，担负义务，于英本国之外，实自成一个国际人格者。[①]

从一九二二年成立的爱尔兰自由国（Irish Free State），亦有同一的国际地位，依一九二二年之协定，他已从英国取得同于坎拿大之自治地位，而于一九二三年加入国际联盟。从一九二四年以来，他派有公使驻在美京。

以上所述英属自治殖民地的国际地位，印度亦具有之。印度在英帝国中，虽尚不在自治殖民地之列，但亦认为多少享有国际人格。他亦独立签了巴黎诸和约，而列为国际联盟之盟员。

第九节　特许殖民公司及教皇

在上述各类国际人格者之外，尚有些特殊性质的团体或个人亦常被认为国际人格者。此种团体或个人表面上似具有国际人格，而实不然。其最重要之例有特许殖民公司及罗马教皇。

特许殖民公司　从事殖民事业之国家，尤其是战前的德国及英国，为开发新吸入势力范围内之广大的地域，设立有大殖民公司（chrtered companies），此等公司之国际地位殊难划定。英国旧来之东印度公司（East Indian Company）为历史上最有名的例。现今此等公司之代表的例为英国之南非公司（South Africa Company）。有些学者说此等公司多少构成国际法之主体，其理由如下：（一）公司自领有活动之地域；（二）公司在其领域内常赋有广大的立法行政司法之权；

① 多数国际法学者倾向于此意见；但 Higgins 教授所见不同，参看 Hall, International Law,（8th ed.），pp. 34－35.

(三)公司得对土人部落的酋长为交涉行为,而且对于外国政府亦得有多少交涉行为。但上述之理由究不足以证明特许公司有国际人格。公司所领之地域,虽可说,依国内法尚未构成本国领土之一部,而在国际关系上看来,则公司之领有此等地域,不过是以本国政府代理之资格而然。关于内政,则公司之权力全是本国政府委任的,而可以随时取消。土人部落不在国际法范围,公司能与土酋为交涉行为,不足以构成国际人格之承认;而公司之与外国交涉,亦不过关于通商事宜之协定,而此等交涉且可由本国政府否认的。

特许公司在国际关系上完全与本国政府构成一体。如果特许公司被外国侵害,他惟有依本国之助以取报偿;如果他自己侵害他国而发生责任问题。则其责任由他的本国政府负之。所以特许殖民公司无论如何重要,不是国际人格者。

罗马教皇　罗马教皇(Pope)及教廷(Holy See)之国际地位久为一个争论问题。在国际法成长于耶教国家中间之初,教皇即是此等国家之一,教皇有他统治的领土(Papal States)。在他的领土存在期中,教皇是罗马教会的首领,同时亦是一国的君主;而以君主之资格与他国君主并列。但至于一八七〇年,教皇的领土,所谓Papal States者,完全为意大利所合并,而罗马变为意大利国都。领土既经丧失,教皇不复为凡界的君主。但他仍继续为罗马教会之首领,而以此资格,对于外国为关于宗教事务之交涉。为保全教皇尊严独立计,有为特别协定之必要。于是在一八七一年意大利国会通过有“教皇保障法”(Law of Guarantees),以规定教皇之地位。

依一八七一年之保障法,教皇之身体认为神圣不可侵犯,他享有君主之一切荣典;他有接受及派遣代表之权,此等代表与意大利所接受及派遣的外交代表享同等的特权;他与罗马教社会保有完全交通之自由。教皇自己未承认此项保障法,而外国亦未有对于教皇如此的地位表示意见之机会。但实际上外国及教皇自身皆已适用那项法律之规定。有些外国,一方面派外交代表于意大利政府,同时亦派代表于教廷,而教皇亦派代表于许多外国政府。这些代表皆享受通常外交官待遇特典。教皇为教会事务与外国缔结教会条约,称为 Concordats。教皇虽已不是一国元首,而凡赋予君主国元首之大部分特权亦赋予他。所以自表面上看来,教皇很像自成一个国际人格者,像是国际法之主体。而有些国际法学者,尤其是大陆学者,竟认他为一个国际人格者。

教皇之国际地位说是基于意大利之保障法及国际惯例。但是"保障法"是意大利的国内法,而不是国际法;国际社会之国家尚不曾关于教皇之国际地位立何协定。教皇领地丧失,已不是一国之君,他的特权不是以国家元首之资格得来,而是以教会首领之资格享有。所以教皇在国际法上并无何项国际地位。规律此教会首领与外国关系之惯例,与通常所谓国际惯例有殊,而立于国际法范围之外。此不是一般的国际惯例,而是罗马教社会特有的惯例。如有罗马教国家漠视教皇地位,例如拒绝给予他的代表以外交官特权,此不是违反国际法,而实是违反罗马教国家与罗马教会首领相互关系的通例。①

① 最近意大利政府与教皇订有一九二九年二月十一日之条约,将教廷所占之地域建为一独立市,名为"City of the Vatican"。对于此地域,教廷有完全的所有权及治理权,依该条约,教廷新成为一"市府国家,"意大利政府正式承认教皇之主权,而一八七一年之保障法及其他与该条约相抵触之法律,概行作废。于是教皇之国际地位,又新变更矣。

一九二九年之条约全文,载于 American Journal of International Law, July, 1929.

第十节　国际人格之变更与消灭

在一国家，尽管有元首的变更，王朝的变更，名号的变更，政体的变更，或土地的变更，而不影响于国家生命之继续。此等变更在国际法上亦诚重要，然无关于国家之国际人格。但是有些变更可以影响国家之国际人格的，如单一国之变为复合国，主权国之变为部分主权国是。有些变更可以消灭既存的国际人格者，此种情势可以举出三个如下：

（一）一国完全并入他国　在此情势之下，国家失其生命，自然消灭一个国际人格者。

（二）一国与他国联合　国家可以种种不同的方式联合，但不必一切的联合都可以消灭国际人格者。对物联合与联邦是消灭国际人格的；因为在对物联合与联邦组织下，原来的国家在对外关系上并为一体，各丧失其国际地位。

（三）解散及瓜分　如果一国分裂为两个或两个以上的新国家，原来的国家失去其国际人格，而代以数个新国际人格者。一国被数个既存的国家瓜分之时，此国亦完全消灭，而丧失了一个国际人格者。

第十一节　国家之继承

凡值一国或多数国家因他国状态变更结果，代替后者之地位，是谓国家之继承(state succession)。依国家之继承关系，继承国当继续享有被继承国之权利，而负担其义务。但是国家之继承与私人继承之性质有不同，所以私法上继承之原则不能全适用于国际法。国际法所认的继承是一种变则的继承。

国家继承问题所以发生之场合，可以举出四个：(一)一国合并于他国；(二)一国分裂为数国，或瓜分于数国之间；(三)新国家从既存的国家分离出来；(四)一国占取他国一部分领土。

在(一)之场合，旧国在政治条约及通商条约下之权利义务完全消灭。例如一八九六年法国合并 Madagascar，即施行法国关税率，而不管英美在此邦固有之条约权利，日本于一九一〇年合并高丽，亦取同一行为。至于关于土地河流等之权利义务，则应由后继国继承。后继国对于旧国之土地，财产，船舶，收入，债权均继承，而负其对待的义务。至于旧国之国债，自惯例上看来，亦可说是由后继国继承。

在(二)之场合，各后继国承受旧国在境界条约及其他类似的条约下关于他所分得的一部分土地之权利义务。各后继国接收他那部分土地上所有之财产及资金，及关涉此土地之债权。各继承国亦分担旧国国债之一部分。

在(三)之场合，新国对于旧国在政治通商及其类似的条约下的一切权利义务，均可不承受。但旧国在此土地上的一切权利属于新国，一切财产移归新国；而旧国如依条约，关于此部土地，负有义务，亦由新国承受之。

至于旧国国债，则新国在原则上未有承受其一部分之义务，虽则有时条约上规定由新国承受一部分。例如一八七八年柏林条约规定新独立的巴尔干诸国承受土耳其国债之一部分。一九一九年对奥和约上亦规定从奥帝国分离出来的新国家亦当各承受奥国的战前国债之一部分。

在(四)之场合,一切关于境界,地役,道路,铁路,河流之协定由后继国继承,后者亦继承原主国充作地方用之财产,如铁路电信设备之类。概括的说来,合并他国一部分土地,即继承附于此土地之权利义务及财产。至于该土地原主国之国债,是否由后继国承受其一部分,则未有确定的规则可循,而实例亦不一致。一九一九年对德和约则规定凡从德国割得土地之国家应承受德国战前公债之一部分,惟有法国除外,则因为德国在一八七一年割取法国的阿罗两省,而未承受法国国债之一部分。实则关于此项继承之详细的决定,大抵特别载明于原主国与后继国所订之条约中。[①]

① Brierly, The Law of Nations, 1928, pp. 85 – 90.

第二章 国家之基本的权利

第一节 基本权之概念

近世公法学者一般的承认国家有所谓基本权(fundamental rights)。此种权利说,是国家以国际社会一分子之资格所享有,而不是特别基于何项国际协定的。国家之基本权可说是国家一种天赋的权利。但关于基本权之种数,内容,名称,则学者之间并无一致之意见。有些学者竟主张将所谓基本权全然屏除于国际法学说之外。不过基本权之名目容或有不当;然而在惯例上有许多国际权利义务向来被承认,而此等权利义务是国家以国际社会一分子之资格享有,而不出自何项国际条约,则亦是不可否认之事实。所以我们仍旧于基本权之名目下,分别讨论此种种的国际权利义务。

第二节 平等权

国际社会的一切国家,在国际法上立于平等地位。无论国与国之间,关于幅员,人口,富力或文明程度等有何差殊,而他们以国际人格者之资格，则是平等的。国家平等主义创自格罗特时代，自始即得一般的承认；尤其在十八世纪中，公法学者 Vattel 更阐明其说。

国家平等，是说他们在法律上平等；但在政治上国家不平等，则亦是不可否认的事实。在国际社会，常有一群强国占有优越的势力，支配国际政治。不过这项优势是属于政治的性质，而无法律的根据。这种政治的优势之存在，不能打消法律的平等。

但是现在公法学者之间，亦渐有对于旧来绝对的平等说挟异议者。他们说在国际社会，久承认有少数强国对于其他次等的国家居于高级的地位，已经形成一种法律的不平等。传习的平等说，不但是远于国际生活之事实，并且亦不必是国际政治的理想。现今国际联盟理事会之组织，已为法律上承认数个强国的优越地位之表示。则似国家平等说尚有改造之必要。①

通常从国家平等主义，推出几个重要的结果，可举出如下：

（一）在国际公会凡有变更法律之决定，必须得各国之同意而后能拘束他。

（二）在公会中，一切的国家有同等的投票权。

（三）国家皆得要求外国尊重他的尊严。

（四）国家于对外交涉文件上皆有使用本国文字之权利。

（五）国家在外交仪式上依惯例享受相当的待遇。

① Lawrence, Princlples of International Law, pp. 245 – 255.

第三节　独立权

独立之概念　国家独立（independence）之观念，涉及主权之根本观念。独立权是指一国处置自己对内对外的事务，不受他国支配之权利而言，此项国家独立行为之权，原是主权之自然的结果；此是主权之从另一见地观察的一面。凡一国能完全处置本国的政事，就自己说，则为主权的；对于外国而言，则为独立的。独立权是主权国家之特征。凡属于国际社会之主权国家，以此资格，当然享有独立权。

依独立权，一国有依自己的意思处置其事务之完全自由。他可以自由变更政体，修改宪法，缔结同盟，从事战争，变更领土，制定法律，采定经济政策。

不过独立亦不是说无限的自由，说一国是独立的，不是说他可以绝对的为一切他所欲为的事，而不受何限制。即以属于国际社会一分子之事实，国家已对于外国限制自己行动之自由，因为他为他国及全体的自由之利益，负有不侵害他国权利之义务。而且国家可依国际协定负担种种的义务，多少束缚自己处理对外事务之自由。此种对于一国自由之制限，是否破坏了一国的独立，是程度问题。例如凡在宗主权或保护权下的国家，所受限制甚大，一般认为他们不是完全独立的，而只是部分主权的国家。

干涉与非干涉　在国际社会之国家，一方面享有独立权，同时即负有不侵害他国独立之义务，各国的事务彼此应当都不干涉。非干涉（non intervention）主义，可说是国际法之一个基本的原则。

此原则曾为格罗特所认定。但事实上常见国家单独的或联合的干涉他国事情。因之有些学者说非干涉主义今已失效。正确的意见当是:“非干涉”是国际法之通则,而干涉则是例外的容许的。国际法为保护国家之独立权禁止干涉;已成确定之规则;而在他方面,则此规则亦有例外,究不容疑。

何谓干涉？干涉(intervention)一语,常用以泛指一切的干预行为,劝告,抗议或其他通常平和解决纷争之手段。但严格的说来,干涉之真髓是威力。干涉诚有不必实行用威力而可达目的者,然而他总是有威力在背后,则是不容疑的。如是则干涉与斡旋、调停诸手段之有区别,甚为明白。

干涉可分为两种,其一为权利的干涉(intervention by right),其他为非权利的干涉。凡属权利的干涉,不算是侵犯独立,因为此项干涉是基于被干涉的国家所受之法律的制限。非权利的干涉,是那种干涉之在干涉国方面本来无权利行使者,此种干涉,在法律上说,是为侵犯国家独立权,但在有些处所,以特殊的理由,亦为国际社会所容许或原谅。

权利的干涉或是基于条约上的权利,或是基于国际法的一般原则。俄滨罕举出有六项:(一)宗主国,保护国各自对于属国,被保护国事情之干涉。(二)一国对于他国外务之与本国直接有关系者,行使干涉之权。(三)一国依国际条约限制自己的外务独立,而不遵守此制限,他方缔约当事者出来干涉。(四)一国在平时或战时违反公认之国际法规,他国出来干涉。(五)一国之政体或王室,依条约受他国之保障,而在其政体或王室变更之时,他国出来干涉。(六)一国为保护侨居外国之人民行使干涉。

除此以外,尚许有非权利的干涉,俄滨罕举出三项:(一)自卫的干涉。一国为自卫而干涉他国事情,在种种情形之下,虽侵犯独立,亦可原谅。(二)维持均势的干涉。此项干涉亦说是可以容许的,均势主义(princip'e of the balance of power)虽不是国际法的原则,而向来认为一种国际政治主义,于国际法之存在为不可缺的。如果一国过于强大,必至为所欲为,而不守法,其结果将破坏国际社会,而致国际法失其存在之地步。(三)人道主义的干涉。列强曾依此理由行使干涉,尤其在土耳其屡干涉土国虐待耶教人民之事。此不能即说国际法已经承认此项干涉权利,但国际舆论赞成此项干涉。人道主义的干涉,当十分慎重的行使,而出以共同干涉之形式。①

就全体说,干涉在国际法中为极复杂而多争端的一个问题。通常关于干涉之学说,多不免杂有政治的考虑。严格的从法律上说,不能概认为确定的规则。而在国际联盟之新组织成立之今日,所有国家主权独立之观念皆在变迁的过渡时期,旧来干涉之学说,似亦要经过一番变更。

孟罗主义 说到干涉问题,不能不略说所谓孟罗主义(Monroe Doctrine)。此主义原来是神圣同盟干涉政策之间接的产物。在十九世纪之上半期,欧洲之神圣同盟,拥护正统主义,行使干涉政策。在他们的干涉手段行将加于西班牙美洲殖民地之时,美国总统孟罗乃于致国会之教书中(一八二三十二月二日)发表宣言以抵制之。此教书包含有两部分宣言,虽则目的不同,而是同样重要。一部分宣言是说,美洲大陆此后不能再容欧洲国家殖民;此项宣言系为关于西北边界问题对俄国而发。其他一部分宣言是说,不许欧

① Oppenheim, International Law, Vol, I, pp. 264 - 270.

洲国家将他们的政治制度扩张到美洲大陆，及谋干涉南美诸共和国之独立。

从孟罗以后，孟罗主义渐次扩充，至于美国在美洲大陆主张一种政治的霸权。凡遇美洲国家与欧洲列强之间有冲突发生，美国即出来干涉。实则孟罗主义只是美国的政策，而不是国际法的规则。国际法既是文明国家间之法律，他们以国际社会一分子之资格，立于平等地位，美洲国家自当与欧洲国家具有同样的权利义务。自国际法视之，欧洲国家绝对的有在美洲或他处取得土地之自由。而关于欧洲国家干涉之同一的规则，于美洲事情及他国事情一并适用。但孟罗主义为美国之外交政策，在政治上极为重要。此虽不是国际法，然却不能说是与国际法不相容。美国为均势，为自卫起见，有决定他关于美洲大陆的政策之自由。国际联盟规约第二十一条已承认孟罗主义与规约的规定不相抵触，但不能说孟罗主义因此已成为国际法的规则。

第四节　自保权

国家当享有自保权（right of self preservation）；自保是国家最切要的权利，亦即是他的最神圣的义务。一切国家皆有生存及自由发达之权利。国家根本的职分是在保持自己的生命及独立。为达此目的，积极的说，国家有使用他所有的资力为防御设备之自由；消极的说，他有绝对的对于外来侵犯行使抵抗之权利。依国家的自保权，他有酌量国情；为国防组织之自由。国家可以设置海陆军备；在未有一般国际裁兵计划之时，各国可以维持他自己认为适当的兵力。他可以建设要塞,及取其他相当的警备手段。他可以缔结攻守同盟。但是自保权之自由行使,亦常因国际协定而多少受制限。一八〇七年的遏尔齐特(Tilsit)和约限制普鲁士常备兵额为四万二千人。一八五六年巴黎条约禁止俄土在黑海维持海军。最近则有一九一九年乌塞和约限制德国军备之例;依此条约,德国陆军兵额限为十万人。

一般的说,侵犯他国领土是重大的不法行为;然而有时为自卫计,在危机逼迫之际,亦许有用武力于友邦领土之事。换句话说,为自保之目的,对于他国领土有些侵犯行为,亦例外的为国际法所容许。罗伦斯曾说,国家自保之义务,较之尊重他国独立之义务更为神圣的。但不是一切以自保的理由对于他国而行的侵犯之事,皆可宥恕的。可以宥恕之侵犯行为,限于必要之场合。于是凡行使此非常的手段,必须绝对的满足两个条件:(一)或是在行使侵犯之时,已无余裕请求对方自己取必要的行动,或是虽经请求,而他不行为,或不能行为。(二)举动不超过绝对必要的限度。

关于为自保而侵犯他国之有名的例,为一八三七年之加罗林(Caroline)事件,一八〇七年英国强夺取丹麦舰队之举。一九一四年欧战之初,德国侵犯比利时中立,亦说是为自保而取此行动,但其理由不能成立。

学者亦有将国家保护在外人民之权利,纳于自保权之中者,实则外人生命,财产,名誉之保全,为列国交际维持之要件;保护在外人民之权利,一方面属于国家主权当然的结果,同时亦可说为国际生活的利益而存在的。

第五节　法权

管辖权或法权(jurisdiction)之权能,亦即附带于主权之观念。一国主权包含着国家对于领土上之一切人与物行使优越权之权力,是为从地的优越权(territorial supremacy,territorial sovereignty,领土主权)。主权亦包含着国家对于一切在国内国外的本国人民行使优越权之权力,是为从人的优越权(personal supremacy, political sovereignty)。一国既是对于领土内的一切人与物及在国内外的本国人民享有优越权,则国家对于他们有管辖权。管辖权亦可说是国家一种当然的权利。但是国家以国际社会一分子之资格,为相互的利益起见,其行使此项权力之自由,常亦有所限制。

因为在一国领土内的人与物均在此国领土主权之下,此国对于他们有管辖权。但国际法许一国元首,外交代表,军舰及军队在他国领土上享有所谓治外法权(exterritoriality),因而脱离所在国的法权。

国际法不禁止国家对于在外国旅行或侨居之本国人民行使管辖权,因为他们立于国家从人的优越权之下。而以各国皆能对于境内的外人行使管辖权,此等外人有时立于两重法权之下。

公海不在何国主权之下,故无一国能在此行使法权者。但依国际法的规则,在公海的船舶及船内的人与物立于船旗所属国之管辖权下。对于在公海的海盗,无论何国皆得惩治之,不论海盗船是否悬有一国国旗。

许多国家对于外国人在外国所犯的有些行为,主张管辖权,此事引起争论问题。正确的意见,当是:国家对于外国人在外国的行为无行使管辖权之权利;而外国人的本国政府无默认任何外国如此的惩治自国人民之义务。因为在犯罪行为实行之时,罪人既不在彼国之从人的优越权下,亦不在他的从地的优越权之下。所以如值一国在外侨民受所在国法庭检举,而其犯罪行为并非发生于他在此国领土主权下的时候,本国政府于此有起而干涉之理由。

第三章　国家之责任

第一节　国际责任之概念

一国有违反国际义务，损害他国权利之事，于其国发生国际责任问题。前代的公法学者尝谓国家相互责任之观念，与国家主权之观念矛盾。依他们之说，国家是判定自己的责任之唯一的裁判官，因为国家之上未有可以申诉之法庭。对于权利侵犯之赔偿之义务，全出于国家之自由意志。此项说法不仅谬误，而且危险。徒以未有确定的制裁而否认有责任，是为谬误。将国家责任置于国家自由意志之极不稳确的基础上，是为危险。

国家相互责任之根据，在于国家相互关系上有遵守正义的规则之必要。因为国际社会公共权力之不存在，事实上国家常得逃避责任，诚不可否认；然而不能因此即谓国家责任不存在。国家关于国际义务之责任，总是法律的责任；国家向来得依"自助"之手段以厉行此种责任。凡有不履行法律义务，侵害国家权利之事发生，受害的国家得依报复(raprisa's)手段，甚或战争，强迫彼加害国履行国际义务。国家责任已经一般的见认于一九〇七年关于陆战法规之海牙条约第三条。而今之国际联盟规约且设有解决责任问题

之规定。(第十三条)

国家之国际责任可分为直接责任与间接责任之两类。凡责任之发生于国家自己的行为(即他的政府之行为),或官吏,私人得他的命令或许可而为之行为者,是为直接责任。凡责任之发生于官吏或私人的行为者,是为间接责任。受害的当事者也许是外国国家自身,也许是外国人民。不过名义上出头问责者总是国家,因为个人不是国际法之主体。

第二节　国家之直接责任

国家自身之行为,违反国际义务即构成所谓国际侵权行为(international delinquency),发生直接责任。

国家是法人,于是有一问题发生,即:谁的国际的致害行为可以视为国家行为,因而为国际侵权行为。第一是元首或政府长官以此资格所为之行为。第二是一切官吏或私人得政府命令或许可而为之行为。而在他方面,则元首或政府长官以非公式的资格所为之行为,则是私人的行为,而不是国家的行为,因之不构成国际侵权行为。不过国家关为此等行为负直接责任。

国际侵权行为可加于种种不同的目的物,兹举其重要之例如下:一国可依不法的干涉侵害他国独立;可依国境之侵犯而伤害他国领土主权,可因损害外人之生命财产或名誉而侵害他国保护在外侨民之权。

国际法是国家间之法律,不能为国际侵权行为惩罚国家。国际侵权行为之唯一可能的法律的效果,是在物质上精神上的赔偿。

关于物质上的损害，须有金钱上的赔偿。依一九〇七年海牙陆战法规协约第三章，交战国违反此等法规，有给予赔偿之义务。在任何情事，犯有侵权行为之国家，至少须正式对受害国谢罪。此项表示可出以种种不同的形式，例如对于受害国之国旗致敬，或向该国政府派遣谢罪专使等。

在内乱之时，政府命令取非常的手段。外国人如因此受损害，国家是否负责任？此问题在原则上当作否定之解答。外国人住在一国或通过一国，无享受较所在国的本国人更优的待遇之权利。文明国家之实例亦如此。有些国家有时对于内乱中受害者赔以金钱的赔偿，然在此场合，他们总是声明他们之为此，出于自动的恩惠，而不是执行一个义务，所给之金额是抚恤，而不是赔款。例如一八七一年法国国民议会关于因围攻巴黎革命党所加之损害，通过恤金，即不分内外人待遇一律。

第三节　间接责任

一　国家为官吏的行为所负之责任

国家为其机关或官吏之不法行为，亦负有间接责任。但因为机关及官吏之种种地位不同，国家实在的责任亦随之不同。

元首在国外处于特权的地位，关于元首之私生活的行为，国家应特别负责任。例如一国君主在外国时，损害外国人民财产，而不肯为适当的赔偿，则可请求其国家代给赔偿。

国务员以私人资格所为之行为，其所发生之国家责任，亦与私人行为所发生之责任相等。

外交代表享受治外法权之特权，因而本国关于他的一切对驻在国或其人民之加害的行为负有责任。外交代表在驻在国犯罪，当由本国处罚；而依特殊情势，本国须否认他的行为，对驻在国道歉，或谢罪，或给予赔偿。

至于议会之行为，亦于国家发生间接责任。

司法官吏以私人资格而为之行为，与私人所为的行为本无不同。但如果此等官吏以公式的资格对他国犯有侵害的行为，国家为他们所负的间接责任，如何履行，是一问题。因为在文明国家，司法官吏对政府处于独立的地位。

国家关于行政官吏或陆海军队之行为，即令其行为不出自政府的命令，亦负有广大的无限的间接责任。因为他们是直接在国家的纪律的支配下，而其在执行职务中之行为，最初总假定为国家的行为。所以国家遇有他们伤害外国之行为，第一要否认此等行为，要对受害国道歉，或甚至谢罪；第二，在必要之时给予赔偿；最后且当酌量案情，惩治犯人。

但国家对于外国人因行政官吏或陆海军所为的正当行为而受之损害，不负责任。例如在战争，叛乱暴动，公共灾祸，恶疫发生中，官吏所取的正当手段，虽对外人加有损害，于国家不生责任问题。

二 国家为私人的行为而负之责任

国家为私人行为所负之责任是相对的。因为国家之唯一的义务在防止私人对外国有侵害的行为，而在此等行为实现之后，务依惩治犯人及强他们给予必要之赔偿，使受害国满足。在此限度以外，国家不为私人行为负何责任，尤其是在加害者不能赔偿之时，国家自身无代他们给外国以赔款之义务。但如果国家未曾行使相当的注意防患未然，则亦可以令其负责而出赔款。

国家为叛徒及暴动者的行为所负之间接责任，亦与为其他私人的行为所负之责任同。凡入外国境内之个人，应自己担负叛乱，暴动之危险。国家的责任只在使其有自由出诉于法庭之便利，而为之惩治犯人。国家自身决无给予赔偿之义务。学说与实例于此是相符合的。虽则有的国家对于此种损失亦给赔偿，然而他们之为此，不是循法律的要求，而是为政治的理由。[①]

第四节　国家关于债务的责任

国家之责任可起于侵权性质之行为，亦可起于契约的债务。此等债务可分两类：第一是国家与国家间之债务，其次是一国对于他国人民之债务。前者发生于一国政府借债于他国政府之时，此或是现款贷与，或是物料供给。上次欧战中，已有此类实例：英法意皆为美国之债务者。在此场合，债务国如不履行债务，其所生之国际责任特别重大，因为他的对手是具有同等权力之集合体。

在一国与他国人民之间，其债务可出以两种形式：第一，此可依一与私人契约相同的合同成立，例如一国人民与他国政府缔结

① Oppenheim, International Law: Vol. I, pp. 286 - 311.

的关于物料供给或承包工程之合同。其次且最普通的,是依公债发行之形式,致一国政府对外国人民负金钱上的债务,后者承受前者所发行之公债,因而为其债权者。以上任何一类债务,国家如不履行,皆发生责任。惟关于责任如何实现之问题,则不容易解决。在两国间之关系,有外交手段可用,最后且可诉诸武力。但若是私人遇着债务国不偿债之时,将用何手段以对待之?对于国家行为既不能在法庭起诉,私人至少能请求本国依外交手段,或甚至依强迫手段,以保护债权乎?此问题在一九〇二年引起所谓德拉果主义(Drago Doctrine),而卒在一九〇七年之海牙平和会议,订有一条约,限制用武力索债;依此条约,凡为本国人民向外国索债(无论是成于私法契约关系之债务,抑或出以公债之形式),非至已经试行仲裁之后,不得使用武力。但此条约尚不能说是确定的法律,因为有许多国家附保留签字,而有许多国家尚未批准。不过国际法规则于此确已表示正在变更之征象。

第二编　国际法之客体

第四章　领土

第一节　领土之概念

领土是国家要素之一。一国领土之大小，无一定的限制；但无论如何，未有无领土之国家。游牧种人，纵令具备有政府或其他组织，非至他们定居于自己的领土上，不算是国家。

领土之观念于国际法上极重要。国家对于其领土之关系，是否可说是所有权的关系？一国领土是否在国家之所有权（dominium or ownership）下？近世的倾向，似作否定的解答。领土是在国家之统治权（imperium）下，而不是在他的所有权（dominium）下。国家对于领土是统治者（ruler），而不是所有者（proprietor）。但是如果此说是就国家在国内法上对于土地之地位而言，则是正确的。而从国际法之见地上看来，则此说不确。在国内法上，国家不是国内大部分土地之所有主。国家仅领有极有限的部分之土地，如国道，国有地，森林之类。至于其余的土地，则真正的所有主是私人。国家对于此大部分私人所有的土地之唯的一权利，是公用征收权（eminent domain）。但在他方面，则不得因一国在国内法上不是土地之所有主，而即说他在对外关系上，在国际法眼中，亦不认为此等土地之所有主。就国际法上说，国家对于其领土，享有统治权，亦且享有所有权。领土主权包含着领土所有权。

第二节　领土之范围

一国的领土，是指位于所谓国界之界限内，而受此国主权的支配之那部分地面而言。此处所谓地面(earth surface)，包含着空中区域(aerial surface)及地下区域(territorial subsoil)在内。现今国际法通则，是：地下至于无限深度之区域，属于地面所有者之国家。

一国领土包含着本土及殖民地，属地而言；但通常不包括所谓保护地(protectorates)，势力范围或属国在内。

对于他国而范围一国领土者为国界。一般的说来，国界是一个想像的界线，所以分割两国疆域的，除在公海及空中以外，界线依可识别的标记以表示。此项标记或是人为的，如界碑，界墙，运河等；或是天然的，如山脉，河川等。亦有依经纬度以定界线者，列强对于非洲之未开发地，常采此种界线。

国界问题容易发生国际争议，关于天然界线之决定，除非当事国间另有条约协定，依下惯习的规则为之：

可航的河川，以河流之最深的可航的部分，即所谓 thalweg(下航道)之中央为界线。反之，河川之不可航行者，则以河流之中央为界线。

山岳以分水岭为界线。

湖沼或内海，以湖海之中央为界线。

第三节　领土之构成部分

凡构成一国领土者，不仅是陆地，并且所谓领水（territorial waters）亦包含在内。领水包含着灌流一国陆地之河川，运河，湖沼等；而沿海之国家，则又有所谓领海。现今因则航空术发达，所谓领空，亦于一国领土为重要的部分。

领土可以让渡，但不是领土一切的部分都可以独立让渡的。领水之为陆地的从物，亦如空中及地下同。领水惟附带于所附的陆地之一部分方可让渡。

一般的说来，国家领土以四部分组成：（一）领陆（land domain），（二）领河（包括领湖，fluvial domain），（三）领海（maritime domain），（四）领空（aerial domain）。（二）（三）两项可总称为领水（territorial waters）。关于陆地，无特别说明之必要。兹惟就后之三项构成部分加以说明。

第四节　河川

理论与实例皆认定河川是沿岸国领土之一部分。如果一个河川，从河源以至河口，完全位于一国境内，此河川即完全属此国所有。此类河川完全属一国主权之支配，是为内国河川（national rivers）。但有些河川不完全通过一国陆地，而通过数国，或分隔数国。通过数国的河川属于数国的领土，此等国家各领有通过他的领土那部分河川。而分隔数国之河川则依通常界线所定,分属于所分隔的各国。此类河川之可从公海上航,供一般交通商业之用者,特名为国际河川(international rivers)。内国河川与国际河川之法律的地位,根本不同,兹分别论之。

一 内国河川

关于此类河川之法律,可说始终是确定的。内国河川如陆地然,完全受所在国主权之支配。未有何项国际法规则,给予外国公私船舶以航行于此类河川之权利者。在未有特殊条约之规定的时候,一国可于其内国河川排斥外国船舶,或加以种种的限制的待遇。通常此等河川之对外国船舶开放,于外国为一种恩惠,而不是一种权利。

二 国际河川

国际河川如通过数国之莱因(Rhine)河,或分隔数国之达溜白(Danube)河,其在法律上之地位,经过了数个时代的变迁。

第一个时代是沿岸国对于所有的那部分河川,行使无限的支配权之时代。中世纪国家或封建地主之有国际河川一部分者,对于外国人航海,通商,课以苛重的通行税,施以压制的规则。此状态继续至于十七世纪。其时沿岸国家自居为所有的那部分河川之绝对的主人公,排斥外国船舶,甚至于排斥"同沿岸国"(co-riparian states),或课以苛税。

第二个时代可说是"同沿岸国"之共有时代。十八世纪以来,国际河川之同沿岸国，渐依相互协定，承认彼此的船舶有自由通过河上及在各港口通商之权利，而制立公共规则以管理之。在一七九二年，法兰西国民议会宣告开放些尔德（Scheldt）河及麦仔（Meuse）河。一八一五年之维也纳公会宣告西欧诸河川对于同沿岸国开放。于此正式树立国际河川对同沿岸国开放之原则。在此时代中，国际法给同沿岸国以共有权，但对于以外的国家，仍保有封禁河川之权。

第三个时代是国际河川自由通航时代，在此类河川上，平时许一切国家的船舶通行。河川航行自由原则本为格罗特所倡，直至一八一四年始有实现之机会。此年之巴黎条约将莱因河对一切国家开放。在一八五六年巴黎条约，规定达溜白河航行自由，而宣言国际河川自由航行之原则为欧洲公法之一部分。而在一八八四——一八八五年之柏林公会，亦规定公果河之航行自由。除此等条约承认欧非两洲国际河川之开放外，尚有南美各国与他国订立开放南美河川之条约。而在一九一九年之巴黎和约，亦关于欧洲国际河川规定有一般的规则。而在一九二一年，国际联盟召集世界列国，开会于 Barcelona，讨议国际河川制度问题，其结果成立一协约（Barcelona Convention and Statute on the Régime of Navigable Waterways of International Concern, 1921）；依此协约，除关于“沿岸航海”（cabotage）及军舰航行有保留外，缔约国相互给予在国际河川航行之自由。

此等国际协定，足证一世纪以来，沿岸国放弃他们对于国际河川之完全支配权；平时容纳外国船舶，已成惯例。外国船舶在国际河川上实享有格罗特所谓“无害的通过权”（right of innocent passage）。

但有须注意者，沿岸国对于外国军舰，即令是属于同沿岸国的，保有禁止其在本国所有的那部分国际河流上通过之权利；而在一国守中立之时，尤不得许交战国军舰通过。

第五节　领海

A　关于海洋所有权或主权之历史的变迁

古代国家似未要求支配海洋之权利。历史以“自由海”(mare liberum)开始。至于十二世纪，事状渐见变更。商业交通发展的结果，统治者渐要求海洋支配权。在十三世纪中，有些欧洲国家保有海洋领域，例如威尼斯(Venice)将亚得里亚海认为他的领海。他们所要求者为海洋之全部所有权，他们要任意禁止外国船舶通行，或课以种种的条件。及至十六世纪，所谓“闭海”(mare clausum)或“海洋领有”之原则，扩张至于极端，尤其葡萄牙及西班牙，竟至要求分领大西洋与太平洋。但此种要求从未得各国之承认。而尤以英国与荷兰反抗最力。因为此种要求，引起欧洲对于海洋主权问题之注意。

十七世纪之初，有格罗特的海洋自由(Mare Liberum)论文之刊行，在此论文中，他断论海洋在性质上是不能为何国所占有，因而应当是自由的，格罗特之主张一时未发生效果。在十七世纪中，英人 Selden 尚著闭海(Mare Clausum)论，而实际上亦尚有国家要求海洋支配权之例。

最后在十七世纪之末，格罗特之论渐制胜，国家渐不复宣告“闭海”或征税之权利。海洋所有权渐消失。至于十八世纪，有名的公法家皆主张公海自由，而认有公海与领海之分别。

迨至十九世纪之初，可说是海洋复返于自由状态；惟沿岸一带之区域认为领海。在最近百年中，对于公海要求主权之例很少，即有少数的例，亦皆终于失败。我们可以结论，现今海洋自由是国际法所承认的原则。

B 现今领海之范围

为说明上的便利，我们可将此问题分作四部讨论：(一)沿海(marginal or littoral belt)；(二)海湾(bays or gulfs)；(三)海峡(straits)；(四)通洋运河(interoceanic canals)。

一、沿海(marginal or littoral belt)

格罗特一方面主张海洋自由，同时亦承认海面之那部分可从岸上控制者，属于一国所有。格罗特之原则后来在十八世纪为Bynkershoek所阐明。Bynkershoek下一原则说：支配土地之权力以炮弹之射击距离为止境。而彼时炮弹之射击距离约三英里，或一海里(marine league)。因之Bynkershoek立一规则，凡沿岸三英里以内之海面为领海。但其说一时未得一般的接受。

在十九世纪中，学者始一致说沿岸领海之范围为三英里(从低潮点算起)。而国际条约及国内法亦大都采三英里的限度，以定沿岸领海之范围。虽则例外的，仍有国家要求三英里以上的海面者，而始终未得各国之容许。所以可说三英里之限度已为国际法承认之规则。不过此限度之不充足，是不可否认的；现今公法家主张扩张此限度，一则因为炮弹之射击距离已加大，一则因为三英里之限度于保护渔业不充分。

沿岸领海立于岸上国家之主权下，构成他的领土之一部分。此项海面是陆岸之从物，不可分离的；海面不能离陆地而让渡。国家对于他沿岸的海面可完全行使支配权。他可以保留渔业,行使警察权,制定并施行航海规则等。但对于一国领海支配权有一个重要的限制,即:国家当许外国船舶有通过之自由。一切国家之商船,在任何国家之沿岸海面享有"无害的通过权",可说已成国际法公认之规则。但有下之例外:

(一)国家可禁止外国船从事于沿岸航海(cabotage)。

(二)如果是交战国,他可以为防御之目的禁止任何船舶通行。

至于军舰之通过,则规则不确定。依一般的习惯,外国军舰似亦许其通过沿岸海面一切的部分。

二、海湾

如果一个海湾为同一国的陆地所抱围,而其湾口之宽不逾六英里,则此湾确为此国之领海,即令湾内水面甚宽广。而在他方面,即令湾之周围陆地属于同一国领土,而湾口过宽,则不一定是领海。而海湾之是否为领海,究不依六英里之限度以定。

然则为一国陆地抱围之海湾,其湾口宽过六英里者,其是否为此国领海,依何限度以定乎?此是一个争论未决的问题。关于此问题,在一九一〇年,英美之间有所谓北大西洋沿海渔业案。在该案仲裁中,下列诸点值得注意:

(一)湾口太宽的海湾确不是领海。尤其是湾口宽至于不能从一岸或两岸以炮力控制者,不能认为领海。

(二)有些海湾,湾口宽至二十至二十五英里者,依习惯或协定,成为领海。然不得因此即谓国际法已承认二十至二十五英里之限度。此等海湾之为领海,基于特殊的理由,其根据在历史。例如荷兰之 Zuider Zee。

(三)虽则在通常的海湾,十英里之限度未为法律所定,然亦渐有成为规则之倾向。此限度已为许多国际条约所采定，将来即成为决定海湾领海性之法律的标准，亦未可知。

至于海湾之不只为一国陆地所抱围者，则一般的说来，无论其湾口如何的狭，不是领海。他们是公海的一部分。

三、海峡

一切海峡之宽不逾六英里者，确是领海的性质；此种狭窄的海峡，如其两岸陆地同属一国，则全属于此国所有。例如分隔意大利半岛与叙叙利岛之 Strait of Messina，是意大利的领海。但两岸同属一国之海峡，即令宽逾六英里，如能从任何一岸控制者，亦是此国之领海；例如俄国之 Kara Strait。如果海峡太宽，不能从岸上控制者，则除三英里以外，不算是领海，例如英爱间之 Irish Sea 不能认为英国的领海，而是公海的一部分。

而在他方面，如果一个狭的海峡，分隔两国，则分属于两国，而以峡流中间为界；例如分隔中国本土与香港之 Lymoon pass，说是分属于中英两国所有。分属两国所有之海峡，也可以宽逾六英里，例如分隔坎拿大的 Vancouver 岛与美国大陆之海峡是。

联络两个公海之海峡，如南美阿根廷所领之 Magellan Strait，不能对外国商船及友邦军舰封闭；通过此种海峡之外国船舶不纳通过税。

海峡之联络公海与一国所有的内海者，例如俄国的 Strait of Kerch（连络 Azof Sea 与黑海）及十八世纪以前之鞑靼雷斯，玻斯佛拉斯两海峡（连络地中海与黑海），则可以禁止外国船舶通过。

土耳其所领的鞑靼雷斯（Dardanelles），玻斯佛拉斯（Bosphorus）两海峡，立于特殊的地位。在十九世纪中，有历次的国际协定，保障此海峡对于外国商船之开放，而同时承认土耳其在平时禁止外国军舰通过之权利。欧战起后，近东关系变动，关于此两海峡之国际地位重经国际条约改定。最后决定此海峡地位之条约，为一九二三年之洛桑(Lausanne)条约，海峡中立化及平时战时通航自由之原则于此确定。

四、通洋运河

一般的说来，运河属于岸上国家的领土一部分，关于河川之一切规则于此皆适用。但在十九世纪后半期以来，有联络大洋之国际运河(interoceanic canal)造出，问题乃复杂。现今此等运河有三个重要者如下：

(一)基尔运河(Kiel Canal)　此运河联络波罗的海与北海，纯为德国所有。基尔运河之建造是为军用的目的，而不是为国际交通的目的。在欧战前，事实上，德国亦许一切国家的船舶通过，但运河完全受他的支配，而可随时封闭之。战后依一九一九年之乌塞和约，此运河当对于与德国立于平和状态之一切国家的商船军舰开放。

(二)苏彝士运河(Suez Canal)　苏彝士运河是为国际交通之目的而起之一个国际事业。此运河虽通过埃及(原属土耳其)领土，而不全属埃及之支配。此运河之国际地位定于一八八八年之君士坦丁堡条约(英俄法德奥荷比与土耳其所订)。此条约将苏彝士运河化为中立区域。运河无论在平时战时对于一切国家之商船军舰开放。无论在平时战时不许限制运河之自由使用。在战时，即令土耳其是交战国，不许在运河或距港口三英里以内之海面有战斗行为。运河不得有常设要塞。

(三)巴拿马运河(Panama Canal)　巴拿马运河之建造亦出于国际交通之目的，但纯是美国的事业。巴拿马运河之国际地位，定于一九〇一年英美间之 Hay Pauncefort treaty，及一九〇三年美国与巴拿马所订之 Hay-Varilla treaty。一九〇一年之条约，采用苏彝士运河之规则，略加变改，以规定美国在中美所造的运河之中立地位。而依一九〇三年之约，则巴拿马让给美国以十英里之地，俾建造一通太平洋与大西洋之运河。而此运河当永久中立。巴拿马运河与苏彝士运河地位之差异，在（一）美国在战时，为防御计，可以封闭此运河；（二）美国可在运河建要塞。此运河开通于一九一四年。

第六节　领空

领陆，领水之外，是否尚有所谓领空？此为二十世纪国际法之新问题。关于此问题可从学说实例两方面观察。

A　学者之学说

关于空中之法律的地位，有三派不同的学说。[①]

一、空中自由说　最早的学说承认空中是自由的。此派的人将格罗特主张“海洋自由”的论点采用于空中问题。他们说，依空中之性质，空中是不能占有，不能认为何国财产的。一九一一年的国际法学会之决议即采用空中自由原则，但承认地面之国家为国家之安全及住民之生命财产之安全计，可以取相当的手段。

二、空中共管说　第二派学说是说空中是世界共有物，无一国能单独为空中立法者；关于空中，惟有依全体国家之协定方可制出

① Garner, Recent Developments in International Law, Lecture IV.

规则。主张此说者极少，而其说亦大招抨击。

三、空中主权说　依此派学说，各国皆对于领土上面之空间享有主权。此说为许多有名的公法家所主张。在三派学说之中，第三派学说，即空中主权说，最有力。空中自由之主义与国家之自卫不相容。空中与地面之关系，较之海洋与海岸之关系为密切。国家之支配空中，较之其支配海上更为紧要。对于国家之海洋权力可以限制，因为从一定的地平线外，国家可免于被攻击之危险。然而对于从空中之垂直的攻击，则未有垂直的限界，可以避免危险者。

B　各国立法之实例

各国在欧战前已开始空中立法事业，而其立法一般的基于空中主权之原则。例如英国国会在一九一一年通过，而在一九一三年修正之航空条例（Aerial Navigation Act），使英政府有禁止飞艇通过英国领海及海岸之全部或一部分之权力。其他欧洲列强亦有同样的法律。他们且划定某某地域定为禁制区域，绝对不许飞艇飞行。

一般的说来，在欧战前，空中主权原则有成为国际法规则之倾向；但不能说是已经成为国际法上公认之规则。

在一九一九年之巴黎和会，订结有国际航空规约（Convention for the Regulation of Aerial Navigation）。此约亦采定空中主权之原则，承认各国对于其领水及领陆上面之空间有完全的独占的支配权，但同时亦承认他国飞艇有无害的通过之自由。此规约如经各国一般采用，则空中之法律的地位类于一国沿岸的领海。

第七节　国际地役(international servitule)

为使一国之领土全部或一部分满足他国之利益,对于前者之领土主权所加之限制,是为国际地役,国际地役成于条约。

国际地役可分积极的消极的两类。例如一国依条约许邻国军队有过境之权利,或许他国人民在本国领海内从事渔业,是为积极的地役。又如一国依条约不能在国境上某某地点建设要塞,是为消极的地役。

国际地役之标的物是领土,凡属一国领土主权之限制,而不涉及本国领土与他国利益关系者,则不算是国际地役。

国际地役不是对人权,而是附带于关系的标的之权利。因之领土之所有主即令变更,附着于此土地之地役仍然存在。如是则假若在一个国际地役成立以后,关系的土地或因征服,或因割让,落到第三个国之手,此项地役仍是有效的。

国际地役本来成于条约,则依关系国(承役国与需役国)之相互协定,或依需役国之一方的放弃权利,可以消灭。又准一般条约之原则,地役条约亦可适用 rebus sic stantibus 之规则,如值情势变迁,至于不堪再忍受之时,亦可由承役国一方宣告解除。

第五章　领土取得之方式

领土取得之方式有五，即：添附（accretion），时效（Prescription），先占（occupation），征服（conquest），割让（cession）。

第一节　添附

添附是说土地之新增长；此可以是自然的，亦可以是人为的。自然的添附是土地依自然之力而增加，例如岛屿之成长于海中，三角洲之成长于河口。

岛屿成长于一国沿岸领海内，则增加了此国之领土，因为领海之限度当从新岛之岸算起。环绕此岸之周围三英里，皆属新岛所属国之领海。

三角洲之成长，为河之所属国的领土之增加；此国领海之限度当新从三角洲之岸算起。

土地之人为的增加，例如海岸附近之防波堤，亦有扩张一国领土之结果，领海之限度亦当新从扩张的堤岸算起。

第二节　时效

国际法上关于土地之取得，亦适用国内法上时效之观念。一国继续安然占有他国土地，经过长久的时期，可以取得对于此土地之主权。

国际法之时效与国内法上之时效不同之点有二：（一）继续的所有，可以洗除原来不正的名义，如欺诈，强占等。时效之在国际法上如此容许，是因为要使国家间关于土地之争执有止息之期。（二）为完成时效，并未限定有特定的时期必须经过者。以前的学者有主张百年或五十年的；然而现今实例并不要求如此特定的长久时期。如果土地之占有，经过适当的时期，而土地原主国对于此项占有，不出来或不能出来抗议，则此部土地依时效成为占有国之领土。

第三节　先占

先占是国家对于当时无主的土地取得主权之方式。先占之标的物限于无主的土地（res nullius, vacant land）；此即是说，原来无人住居的土地，或虽有住民而属于未成国之土人部落。凡曾属于一国之土地而后来被此国抛弃者，亦可再成为先占之标的物。

关于先占之规则，有习惯的规则与协定的规则之两种：

习惯的规则，主关联于亚美利加殖民地发达出来，依习惯的规则,欲使先占有效,须完成两项行为:(一)合并,即以统治者之名义表示收取此土地的意思。(二)管理,即由国家派人为相当的行政设备。第一个行为虽尚不能完成先占之程序,却是可产生一种初步的权利(inchoate title),即在相当的时期内,可以阻止他国占有此地。因为先占者应当有相当的时期,可以容他派人去管理。

关于先占有效的限度,常为争论问题。有时殖民国家要求过大的限度,说占有海岸即同时占有背后大陆的一带内地。此非国际法所承认。但现存的规则固承认凡占定一个地点之国,同时附带着附近若干地域,或是为殖民者之力所能实在控制,或是与占定地点构成一个地理的个体者。于是占有小群岛中之一岛者,即视为占有全群;占有一岛之部分者,如其面积适中,即视为占有全岛。凡占定一带大陆海岸者,其占住范围视为及于在此占定的海岸入海的河川之流域。但占定河口者,不算是占有河之流域;占有河之一岸者,不算是及于他岸。

在一八八五年之柏林会议,关于非洲土地之占有,立有特殊的协定,此可说是土地先占之协定的规则。依此协定,凡在非洲海岸占有土地或受有保护地之国家,应当向缔约国发一个通知,缔约国约定在各自占有区域内,维持权力,以保护交通商业之自由。占有国的此两层义务,为习惯的规则所未有。

第四节 征服

征服是说以武力取得他国之土地,或是其国土地之全部或一部分。凡属有效的征服,在征服国方面,须具备两个条件:

（一）取有之意思　此项意思，一般依一正式合并之宣告以表示。

（二）保持之能力　战胜国对于所占领的土地是否具有保持之能力，是一个事实问题。如值一国所占领的地方仅属于他国土地之一部分，则保持之能力依战事终结或和约成立而证示。或是战事未经和议而自然的终结，或是缔有和约而和约上未说及此项被占领的土地，则可认为原主国抛弃了克复失地之意思，而战胜国依征服取得此项土地。然若是和约上明明说将此项土地让与战胜国，则此时取得之方式已不是征服，而成了割让。又如其所占领的土地而为一国领土的全部，则战胜国保持此土之能力当依完全占领后若干时期的经过而证定。无论如何，在战事进行中，合并敌国的土地是不合法的行为，不能赋予征服之权利；因为战争继续之事实，已足证示征服尚未确定。

第五节　保护地与势力范围

除上述土地取得之四个方式外，尚有些程序，自身并不足构成完全的权利，然却是取得完全权利之初步。保护地（protectorates）及势力范围（spheres of influence）之划定，即此等程序之重要者。

一、保护地　在十九世纪之后半期，欧洲国家竞谋取得广大的殖民地，而又不能即时为有效的占有，于是与尚未被占住的地方之土酋缔结协定，将其土地置于欧洲国家之保护下。此等地方称为保护地，或殖民的保护地（colonial protectorates）。[①]

取有保护地之国家，虽尚未最后的合并此地域，然而就对外关系上说，他是代表此地域及其住民的，是为此等地域内一切事情负责任的。

保护关系之成立，即为对于此土地之初步的权利，可以阻止他国取有此土地。有时保护地之取有，即是变相的占住；有时实际上保护地与殖民地很难分别。战前德国之东非洲保护地，及英国之东非洲保护地，实际无异德英领土。

二、势力范围　在非洲殖民的国家，竞谋渐次扩张其领域于其占有地之内地或其背地（hinterland），常与其他关系国缔结协约，彼此划定势力范围。所谓势力范围，可说是那一部地域之为占住邻近的国家所保留以待将来占住者。一国在其势力范围内，有取得土地或成立保护地之完全权利，他方缔约国不得妨害。但在势力范围内，一国无行使直接支配权之义务，他无设备行政组织之义务。

严格的从法律上说，势力范围之条约只能拘束缔约当事国，第三国可以不受此约定之拘束。但是事实上第三国亦尊重此种势力范围，而不侵入。

兹有须注意者，势力范围之名词常被滥用。此处所谓势力范围，与通常列强在中国所谓势力范围，截然为两事。后者与其称为势力范围，毋宁称为利益范围（spheres of interest），此项范围发生于列强与中国缔结的或列强相互间缔结的各种特殊协定。在中国取

① 关于此处保护地与其他各种保护关系（protectorates）之分别，可参看 Lawrence, Principles of International Law, pp. 162 - 166.

有利益范围之国家，并未因此获有在此范围内取得领土之权利，他不过是要求中国不将此地域割让于他国。例如中国对英国声明扬子江流域各省不割让，对日本声明福建不割让。而在此地域内，关于经济的财政的事情，主张该国或其人民有优先的或甚至独占的权利。①

第六节 割让

土地取得方式之最重要为割让。割让是说土地依条约正式由一国移转于他国。割让实现之唯一的方式，是订立一个条约。割让可发生于各种不同的交涉，兹举出四项如下：

一、交换 在国土视为皇室私产任意分割之时代，土地交换是常有的事。现今在国境划定上亦常有行之者。近代土地交换之最重要的一个例，为一八九〇年英国之以 Heligoland 岛向德帝领非洲换非洲一部分土地。

二、卖渡 此亦是不常有的事，然在近代亦非绝无。例如一八〇三年法国将 Louisiana 州以六千万法郎之代价，卖给北美合众国。一八六七年俄国将 Alaska 卖于北美合众国，取价七百二十万美金。一八九九年，西班牙将 Caroline Islands 卖给德国，取价二千五百万元（posetas）。最近则一九一六年，丹麦将其在 West Indies 群岛中所领之岛屿，以二千五百万美金之代价，卖给美国。

① 关于列强在华的势力范围及其他权利利益之说明，详见 Willoughby, Foreign Rights and Interests in China 2nd ed.,(1926), 2 vols.

三、赠予　此事甚稀少。但亦有政府为博得他国欢心，而依条约赠予一部土地者。例如一七六二年法国将 Louisiana 州赠予西班牙。（此州后在一八〇〇年再由法国取回，而于一八〇三年卖给美国）

四、强制的赠予　然而最普通之赠予，却是强制的赠予。凡狭义的说割让，即系指此种赠予而言。此种割让大抵发生于战争之结果。结束战争之和约，常以明文载入割让条款。此种割让之事实，在国际关系史上惯见之。例如一八七一年法国依佛兰克佛特和约将阿尔沙斯罗运两州割与德国；而依一九一九年之乌塞和约，又由德国割让于法。一八九五年中国依马关条约将台湾割与日本。

割让之效果为主权之移转。土地之割让于一国为重大的国家行为，故在近世宪法上，对于政府此项行为，常设有严格的限制。例如依法国宪法，土地之割让须依法律行之。凡未依照一国宪法规定条件而行之割让行为，不发生国际的效力。

割让既涉及主权之移转，割让地之住民随割让事实之成立，当然成为新取得此土地之国家的人民。但在近世割让条约上，常规定割让地之住民有依明示的宣言保留原来国籍之自由。但使用此自由之人民，即无继续居住此地之权利。关于住民自由退出割让地之期限，在条约上亦常有明文规定。例如一八七一年之法德和约关于阿罗两州住民之规定，一八九五年马关条约关于台湾住民之规定。而在欧战后在巴黎缔结之诸和约，亦有相类的规定。

第七节　变相的割让

除上述各种真正的割让之事外,尚有所谓变相的割让(disguised cessions)。此即是说那些关于土地的处分,在外形上不是完全的割让,而实际类于割让,或有成完全的割让之势者。此等变相的割让,可举出下之五种:

一、占住与管理　国家有时许他国占住并管理他的一部分土地,而自己在名义上保有主权。在一八七八年英国依与土耳其缔结之协定,占住土耳其之 Cyprus 岛而管理之,同年的柏林条约,将土耳其之波赫(Bosnia and Herzegovina)两州交给奥匈帝国占住管理(occupation and administration)。但后来在一九〇八年,奥国卒正式宣告将波赫两州合并于其领土;在一九一四年英国卒合并 Cyprus 岛。

二、国际联盟下的委任统治　依联盟规约第二十二条,有些地方如西南非洲及南太平洋群岛一部分,应置诸"受任国"(Mandatory State)法律治理之下,如同该国领土之一部。然则"受任国"对于此等土地之统治虽以联盟委任者之资格行使,而此等土地则视同他的领土。

三、让管　有时一国将其领土之一部分永久让交他国使用管理,而自己不再对于此地行使主权。一九〇三年巴拿马共和国让给美国以十英里之地,俾其建造,管理并防护巴拿马运河。

四、抵押　间亦有国家将其土地之一部分依抵押移转于他国者。在一八〇三年,瑞典将 Wismar 城作债权抵押,交给德意志的

Mecklenburg大公国，约定百年后偿清其债，取回此城，但在一九〇三年瑞典抛弃其赎还权。

五、租借　领土租借(lease)，为十九世纪后半期新发生之事，公法家亦有视为一种变相的割让者。一八九八年中国次第将胶州湾租借与德，旅顺大连租借与俄，威海卫租借与英，广州湾租借与法。有的学者以为此种租借事实上和土地割让很难分别。英国公法家罗伦斯(Lawrence)至说中国于此所丧失者是主权。[①] 但有些学者如俄滨罕(Oppenheim)者，虽亦承认，就实际的效用上说，租借同于割让，而断言，在严格的法律上租借地仍属原主国之所有。[②] 租借地之性质，在现今国际法上可说是一个尚待考究的新问题。无论如何，我们可以断言，就法律上说，租借不能看作割让。

① Lawrence, Principles of International Law, p. 169.

② Oppenheim, International Law, Vol. I, p. 364.

第六章　领土内外的法权

虽则法律与主权大体以领土为限界，然而一国的法权之范围究不一定与领土之范围一致。一国的法权在领土内有因国际法减缩之处；而在他方面，国家之权能在有些处所，亦依国际法之容许，扩张于领土之外。

于是一国的法权可分为领土内的法权(internal jurisdiction)与领土外的法权(exterritorial jurisdiction)之两部。领土内的法权可细分为：(一)对于陆地上的人之法权，(二)对于港内及领水的船舶之法权。

第一节　对于陆地上的人之法权——本国人

一般的说来，凡在一国陆地上之人悉隶属于其国法权管辖之下；但他们隶属之程度不一定相等。因此在一国陆地上之人可分为三类：(一)完全隶属于其法权者；(二)不完全隶属于其法权者；(三)对于其法权享有豁免之宽典，即享有所谓治外法权(exterritoriality)之特权者。兹先就第一类人言之。何种人是完全隶属一国法权之人？此当然是本国人民。规定谁为一国人民，是国内法之事。此涉及于国籍(nationality)问题。一国有一国的国籍法，以规定个人取得其国籍之方式。依国籍取得的情势之不同,可以将一国人民分为两部:(一)本生的人民(natural-born subjects),(二)归化的人民(naturalized subjects)。

一 本生的人民

一国最大多数的人民是依出生(birth)取得国籍。在何种情势之下出生的儿童,是本国人民,是国籍法上一个最重要问题。关于此问题之规定,各国法律所采的原则不一致。①

(一)血统主义(jus sanguinis) 有的国家采血统主义(或属人主义),此即是说出生的儿童之国籍依其亲之国籍以定。例如德、奥、瑞士、荷兰、中国、日本等国只认血统为决定国籍的要素;于是凡他们的人民所生的儿童依出生当然成为本国人民,而不论其生在国内或生在国外。而外国人在此国内所生之儿童,则仍视为外人。

(二)出生地主义(jus soil) 又有的国家采出生地主义或属地主义,说儿童之国籍依出生之地以定。此主义盛行于美国阿根廷及其他多数拉丁亚美利加(Latin America)国家。他们将生产所起之地认为决定国籍之唯一的要素。依此原则,凡生于此国领土之儿童,不论其两亲为本国人抑为外国人,皆是本国人民。此原则推到极端,则凡生于外国之儿童即令其两亲为此国人民,亦应属外人。但现今已无为此极端之主张者。

① American Journal of International Law Special Number, April 1929, pp. 80 - 82.

（三）混合制　又有许多国家采一种混合制。此制兼认血统与出生地之两要素。采此制者为比利时，西班牙，意大利，诸国。依他们的法律，他们人民所生的儿童，无论生在国内国外，皆是他们的本国人民；而外国人在他们的领土内所生之儿童，或是认为本国人民，但许其在成年时宣告选取其父母之国籍或是认为外国人，而许其在成年时选取此国之国籍。现今世界重要的国家可说是多数采混合制。英国从一八七〇年以来久已舍弃其绝对的出生地主义而兼认血统之要素。法国原来全采血统主义，今亦变通而采混合制。①

二　归化的人民

归化（naturalization）之名词，本来有广狭二义。自其广义上说，归化是指一切外人取得一国国籍之事。归化是以人为的方法造成国家与外人的主从关系。在各国国内法上，外人取得其国籍，可依种种不同的行为以实现。

在许多国法中，结婚是一个取得国籍之方法，如果一个女子与一外人结婚，即成为其夫所属国之归化的人民。依中国国籍法[民国三年（1914 年）修正]第二条，为中国人妻者取得中华民国国籍。得嫡（legitimation）又是一个方法。依有些国家的法律，私生子之出于外国母亲者，如其父亲正式与其母亲结婚，他因此得嫡，即成为

① 在英国领土内外国人所生之儿童，可以成年时宣告离英籍，而取得父母的国籍。在法国领土内外人所生之儿童，在成年时不住在法国者视为外国人；其在成年时住在法境者视为法国人，但亦许于成年后一年内宣告脱籍。

其父所属国之人民。而依中国国籍法。私生子之父或母为中国人，而经其父或母认知者，即取得中华民国国籍，则是不待结婚，已有使私生子取得民国国籍之可能。又有些国家如南美洲之(Venezuela)国者，凡住居于其领土内之外人概认为当然是该国人民；则是仅以住所之取有(acquisition of domicile)为国籍取得之条件。又有些国家依外人被任命为政府官吏之一事实，认此等外人当然为其国归化的人民。又在土地征服，割让之后，有一个总归化之事发生：此等土地的住民，当然成为新主国之人民。以上所述各种归化，皆是不另需何项正式手续而当然完成的。但最后尚有一种归化，是由外人正式请求而得国家许可以完成的。此是归化中之最重要而最通行者，此是狭义的归化；通常单说归化；系指此种狭义的归化而言。在中华民国国籍法上所谓归化，亦系此狭义的归化之意。

关于狭义的归化，在各国国内法的规则亦不一致。各国有依许可外人之归化以增加其人民之自由。各国有各国的归化法，但有些原则是共通的。归化之标的当是外人。有些国家只许无国之外人归化。但有的国家，亦许保留其本国国籍之外人归化。大多数国家只要那些在他们国内定了住所，在彼处住了多年，而有意长住在彼处之外人归化，而依许多国家之归化法，已婚之外人归化，其效果及于他的妻及其未成年之儿童。

外人请求归化，一经国家正式给予许可，即成为本国人民。依中国国籍法，外国人或无国籍之人经内务部许可得归化；但外人欲得内务部许可归化，须具备数个条件，其最重要者为“继续五年以上在中国有住所”及“因取得中华民国国籍即丧失其本国籍。”

依归化手续取得一国国籍之人民，不必能和本生的人民享有同等权利。依美宪第二款,归化的人民不得被选为美国总统。中国国籍法第十一条亦规定:归化人及随同取得中华民国国籍之子,不得任大总统,副总统及其他特别列举的各项公职。①

归化对于原来的国籍之效果亦由各国国内法自定:有些国家如现行英国法规定,他的人民如在外国归化,即丧失原来的国籍;而有些国家(例如战前的德国),亦许本国人民在外归化之后,仍保留德国国籍。而在他方面,国家有不承认本国人民在外国归化之权利,例如英国在一八七〇年法律通过以前,他即不承认英人有解除英国国籍之自由。现今国家大都不行使此项权利。但无论如何,在外国归化的个人暂时或长久回到本国之时,可以使其对于他归化于外国以前,在国内的行为负责任。外人一旦归化之后,在特定的条件之下,其归化亦可取消。

国际法既对于国籍之取得丧失未为立一定的法则,而任各国国内法自由规定其结果是个人可以同时有重复国籍或全无国籍。此种具有重复国籍或全无国籍之个人,在国际关系上立于变则的地位,易致发生国际争议。

第二节　对于陆地上的人之法权——外人

不完全隶属于国家法权之一类人,以未归化之外人组成。关

① 中国国籍法现经国民政府立法院重行修正。依现行修正之法,归化人及随同归化人取得中国国籍之妻及子不得任国民政府委员,各院院长,各部部长,各委员会委员长,立法院立法委员,监察院监察委员,及其他列举的各项公职;但此项限制,自取得国籍之日起满五年或十年后,得由国民政府解除之。

于外人在国内之法律的地位,可分作下之两项说明。

一　平时外人之受纳排斥及驱逐

国家有受纳外人之自由,即令此等外人依其本国法律不许移出。不过多数国家依条约有交出逃犯之义务。

国家亦有排斥外人之自由。不过实际上此权利惟对乞丐,罪人,病人行使之。有时泰西国家立法排斥亚洲移民(例如美国);此等行为虽非不法行为,然却是非友谊的行为,而可以报复手段对待之。一国当然可以对于外人入境课以条件,如征收人头税,要求护照及课以其他制限。

国家亦有驱逐外人之自由,不论其为游历者或长住者。但许多国家对于此项自由之行使,受国内法之限制,例如英国政府,依本国法律,不能专断的驱逐外人。有许多条约,担保外人非有正当理由或经过相当期限,不得被驱逐。全部驱逐之事今甚稀少。

二　外人隶属法权之程度

除在承认领事裁判权之国家外,在其他一切国家之外人不论是过境者,游历者或居留者,如在此国领土内有犯罪行为,皆受此国刑事法权之管辖;他们亦皆须服从所在地关于公共卫生安全之行政规则。

除法权及本地行政规则之关涉一切外人者外,关于其他事项之规则,在游历及暂时停住国内之外人与永久或长期居留国内之外人间,设有分别,国家对于后一类的人之权力较大。

国家对于居留的外人,可以自由定其身分,而使之不能与本国人民享有同等的权利,虽则他们必须受适当的保护,而不可使受专制的法规之压制。但他们不一定与本国人民在民事上及政治上享受同等的资格。在许多国家,外人的公权私权与本国人大抵相同。在英国则从一八七〇年之国籍法以后,对于外人资格之制限惟有一个,即:外人不得所有英国船舶。然一九一九年之外人制限条例,对于外人资格,新设有若干制限。在有些国家,外人不得从事于有些特定的职业或贸易或所有土地。而在他一方面,则外人之政治的权利,从不与本国人同等。此处内外人之分别最显明。外人不得行使投票权,或任某种官职。而在他方面,外人之政治的公共的义务亦不与本国人的义务同。国际法禁止国家强外人服兵役;国家不能向外人要求国民的服务。然国家可以强外人服务于地方警察或地方消防队。国家可向外人征税,但不得课以强制公债。

第三节　对于陆地上的人之法权——享有治外法权之人

一　外国元首

凡属外国元首,无论是君或共和国总统,以公人的资格访问外国之时,在此国内享有种种的特权与宽典。

外国元首不可侵犯,而受所在国之特别保护。他不隶属所在国之刑事的民事的法权。此项特权及于他的妻及随从人等。外国元首不纳租税。他的住所非经他许可,本地官吏不得闯入。

外国元首如果危害所在国治安,可被驱逐出境。

外国元首在下列各种情势之下,可受所在国法权之管辖:(一)元首在一国微行,而其国不知他是元首;(二)一国君主在他国军队服务,他即受此国军法之支配;(三)一国君主同时是他国人民,对于他以人民之资格所为之行为,在此国法庭可以追诉;(四)元首如以私人资格在外国所有土地,关于此土地,受所在国法庭之管辖;(五)元首自己在外国法庭为起诉者;(六)一国君主已被废黜。

二　外交代表

外交代表之在外国享有特权,一则因为尊重他的地位,一则因为出于事实上的必要。外交代表若是如一般私人然,立于所在国法权之下,势必感受许多妨害或不便利,致不能自由执行职务。

外交代表有不可侵犯权。在许多国家都立有特别法律,保护外国外交代表,外交代表免除所在国刑事的法权,不得被拘捕。但外交代表如有加入叛乱阴谋,危害所在国安全之时,为防止其继续为害,可以暂时拘留他;但亦当于相当的期内安全送回本国。

外交代表有犯罪行为,普通的方法,是要求其本国政府撤还。

外交代表亦免除民事的法权。非得他自己同意,不得对他提起诉讼。受害的当事者应经由本国外交部,依外交的方法求救济。而在他方面,如果外交代表自己起诉,或是他在所在国内有私有地产,则法权可以对他行使。外交代表无被唤到法庭做证人之义务。

外交代表免除一切直接税,对人税。而通常为优待外交代表,从国外寄送他的物品亦免征关税。

外交代表之此等特权及宽典,及于他的家族及使馆人员。

外交代表之馆舍,享有不可侵犯权,称为 franchise de l'hotel。一般的说来,他的馆舍非得他许可,本地官吏不得闯入,而其公用文件不许侵犯。

但外交代表之馆舍现今不能享有所谓庇护权(right of asylum)不得充罪人的逋逃薮。如果有罪人或政治犯逃入使馆,外交代表不得拒绝交出。如经所在国政府请求交出而被拒绝,本地官吏可迳入使馆强制捕去逃犯。现今惟南美国家(除秘鲁外)许外国使馆庇护逃亡政治犯,然此是基于地方特种的情势而成之习惯,不是国际法的规则。在中国的外国使馆,亦有庇护政治犯之事例。

三　国际联盟及国际法庭的人员

国际联盟各盟员之代表及联盟所属职员,在其执行联盟之职务时,享有外交官之特权与宽典。联盟所占有之房产亦不得侵犯。

海牙常设仲裁院及常设国际法庭之判官,在其执行职务中,亦享有同样的特权与宽典。

四　外国军队及外国政府

外国军队驻在友邦之境内,不受其法权之管辖。外国军队驻于一国国内,本是甚稀罕之事,但亦非绝无,在欧战中大部英军驻于法境。

在千九百十四年(1914 年),有比国政府移设法国领土(Havre)之奇例,此亦享有治外法权。

第四节　领事裁判权

对于一国领土内的法权有一个重大的例外，就是所谓领事裁判权（consular jurisdiction）。此例外不是基于国际法上一般原则，而是基于特殊条约或习惯。欧美国家的人民或依习惯，或依条约，在东方国家之领土内，不服从其所在国之法权，而受本国领事之管辖。在中国的领事裁判权就是完全依条约承认的。在承认领事裁判权之国内，外国领事兼有司法职务，而有所谓“领事法庭”（Consular Courts）。领事法庭之法权，涉及民事刑事两方面。法权行使之方式依各本国法律，国际协定及习惯而定。

一般的说来，本地人民对于外人有犯罪行为，由本地法庭审理，外国人对本地人民有犯罪行为，则由此外人所属国之领事法庭审理。不同国的外国人有刑事的争讼，亦由犯罪者之所属国领事法庭审理。至于同国之外人彼此有加害行为，则由其本国领事法庭审理。关于民事案件，大致适用同样的原则，由被告所属国之法庭审理。但亦有采用特殊裁判所制度，如埃及之“混合裁判所”（Mixed Tribunals）者；此项裁判所，由埃及人与外人之判官组成，其法权涉及一切埃及人与外人间或不同国籍之外人相互间之民事诉讼。①

领事裁判权之承认无论基于条约与否，此究不是有绝对永久性的制度，而在情势变更之时，可以取消。日本原亦承认外国领事

① Brinton, The Mixel Courts of Egypt, 1930, New Haven Yale University Press.

裁判权，但从一八九九年以后，全然废止。土耳其之领事裁判权，亦依一九二三年之洛桑条约正式废止。

第五节　对于港内及领土水上船舶之法权

一国对于本国船舶之法权是完全的。至对于外国船舶，则私船(private vessels)之地位与公船(public vessels)之地位有分别。

一　外国的私船

通例在一国领海之外国船舶，惟有关涉外界的行为，如从事渔业，带运私货等事，始受所过地方法权之管辖。

至于停泊港内之外国私船，则以前完全立于所在地法权之下。近年有许多国际条约缔结，采所谓"法国规则，"将此等船舶内部纪律的事情，或仅关涉船员而不扰乱港内平和之犯罪行为，划归其国领事管辖。惟至于船内犯罪之涉及外面的人，或虽仅关涉船员而扰乱港内和平者，则仍属本地法权管辖。

二　外国的公船

公船包含着军舰及其他属于政府所有的船舶而言。公船对于所在国之法权享有广大的宽典，而视为与元首、外交代表，军队，立于同样地位，享有治外法权。但船员如果上陆，其在陆上之一切行为,即受所在国法权之管辖。[1]

一切在船上之犯罪行为,概归舰长自己处理。但如公船在港内行为有扰乱港内平和,或违抗港内关于停船卫生一切的规则之时,则所在地方当局可命令其开离此港。

公船不得收纳及庇护通常罪犯。但如有犯罪者逃在外国军舰,而舰长拒绝交出,本地官吏亦不得强制上舰捕人,而当依外交的方法,以贯彻其要求。惟政治犯可容纳在舰上,但不得使之与陆上同党交通;如果外舰因此成为阴谋之中心,本地当局可命其离开此港。

第六节　国家及于领土外的法权

国家可依三个方式行使领土外的法权:(一)在本国领土以外,在他国领土上,设有司法制度,例如欧美国家之在东方行使领事裁判权;(二)本国人在领土外视为仍立于其法律下,例如在外的元首,外交代表,军舰等之地位;(三)对于个人在领土外的行为行使法权。

关于(一)(二)两项,已述于前之各节,关于(三)项尚须说明。

---

① 外国公船对于所在国之地位,详论在 Oppenhcim, International Law, Vol. 1, pp. 673—678.

一　本国人在外国之行为

因为国家之从人优越权，国家与人民之连带关系，各国对于在外的本国人民亦有法权，此即是说：在他们回到本国之时，国家可追问他们在外的行为。国家可为在外的行为处罚人民。此项权能是国际法所容许的；不过依国内法之规定，各国法庭关于此层之权限不一致。多数大陆国家之刑法，管及人民在外所犯的多数行为。以前英美守所谓“犯罪领土性”（territoriality of crime）之主义，对于人民在外所犯的多数行为置之不问；而现今则亦倾向于扩张管辖范围，法庭对于多数犯罪行为皆得加以处分。

二　外国人在外国之行为

事实上许多国家对于外国人在外国的犯罪行为，亦行使法权。有些国家如德法奥诸国处来往领土内之外国人，只为其在外犯有侵害这些国家之安宁或大权之行为，如叛逆，伪造印信纸币等罪。而在他方面，有的国家如以前的俄国，希腊等，则对于外国人在外国对于他们本国人民之犯罪行为，如谋杀窃盗等，亦主张处罚之权。

但在法权上，现代许多公法家，均否认国家有处罚外国人在外国的犯罪行为之权利。

第七节 犯人引渡

在一国领土上犯罪之人逃在他国，后者将犯人交出，任前者处分，是为引渡（extradition）。国家在法律上并无引渡逃犯之义务。引渡之义务，纯属条约协定的结果。

有些国家不愿使其政府有自由缔结协定，行使引渡之权，他们乃制定国内法，列举引渡之罪情而规定引渡之程序。此等国内法规即为引渡条约缔结之基础。首先制定引渡法者为比利时。（一八三三年）

引渡之标的为个人。此或是请求引渡国之人民，或是“被请求国”自己之人民，或是第三国之人民。有些国家，如法国及其他多数欧洲大陆国家，采定不引渡本国人民之原则。反之，其他国家如英美，则在外犯有重大罪情之人，虽属本国人民，亦肯引渡。

一国的何项机关有决定引渡之权？关于此事，有三个不同的制度：（一）行政部决定制，例如法国；（二）司法决定制，英美采之，凡遇外国政府有请求引渡逃亡之事，犯人之引渡与否，须经过法庭之审判；（三）折衷制，例如比利时，关于引渡之案先咨询法院，而最后决定仍在行政部。

在引渡条约中，常规定有政治犯不引渡之原则。

政治犯 法兰西大革命以后，政治犯不引渡之思想渐成长。在十九世纪之上半期，自由宪政运动与神圣同盟之专制主义奋斗之时期中，政治犯问题很惹起世人注意。尤其是瑞士，常为政治犯避难之中心。至于十九世纪中叶，有一个普通的感觉，赞同政治犯不引渡之原则，而规定之于引渡条约中。

在一八三三年比利时制定有引渡法，禁止引渡政治犯。此原则首先应用于次年比法两国间缔结之引渡条约。其后各国引渡条约皆规定政治犯不引渡。

虽则不引渡之原则已一般承认，然实际上说到所谓政治犯罪(political crimes)之意义，则发生疑难。大陆学者尝分政治犯罪为两大类，即纯粹的政治犯罪(pure political crimes)与相对的政治犯罪(relative political crimes)。纯粹的政治犯罪为对于国家之政治秩序所为之犯罪，例如在叛乱或革命战争中的行为。相对的政治犯罪是一种混合事件，即一方面为政治犯罪，同时即包含着普通犯罪，如杀人，放火，劫盗等。关于纯粹的政治犯罪，自然完全适用不引渡之原则而不发生疑问。至于相对的政治犯罪，则于引渡发生困难问题。多数学者的意见，似皆承认此处亦当适用不引渡之原则，但全然不引渡，亦不免有使某种恶犯逃脱法网之流弊，故同时亦认有在特种事件，仍引渡相对的政治犯之必要。至于依何标准方法以决定引渡与否之问题，则迄今尚无确定的解决。

第八节　国家对于公海上的船舶之法权

一　在公海的本国船舶

此类船舶，不论是公船私船，完全立于本国法权之下。他们视为国家领土之浮动的部分。如果在船上有人犯罪，其人当由船之所属国法庭处罚，如同他在其本国领土上犯罪然。

公船绝不受他国法权之管辖。私船则在特种情势之下，可受他国法权之干涉，有如后所述者。

二　在公海的外国船舶

一般的说来，一国对于公海上的外国船舶不能行使法权。但于此有数项例外，或是法律的，或是约定的。

（甲）法律的例外　在战时，一国军舰可以检查、拿捕彼装运禁制品或侵犯封锁之中立国船。一国值重大危险逼迫之时，为自卫之理由，可以捕拿外国船，防其为害。一国军舰可追迹在领海内犯罪之外船，至于公海而捕拿之，军舰可以捕拿外国船舶之挂其国旗而未经认可者。军舰遇着形迹可疑之船舶，可命其举示国旗；或在有重大嫌疑之时，命其停泊受检查。一国船舶，无论公船私船，可以捕拿外国船之犯海盗行为者。

海盗　海盗（piracy）是说在公海上私船所为之暴行，而未得有任何国家或经承认之叛团委任者。海盗之原意本指具有抢劫的目的之暴行而言，有些学者仍将海盗之义限于此项目的之行为。但有些事件不能为此狭义的解释所包括，而实际仍待遇如海盗。例如一船之船员叛变，将船及货变为他们使用，一般认海盗行为，又如在承认"私掠船"（privateers）之时代，如果一只"私掠船"从两方交战国领受委任状，从事捕掠，两个委任即自相消杀，而被看待为海盗。所以现在说海盗，是泛指在公海上私船所为之一切未经委任的暴行而言。凡构成海盗行为，须具有下列三个要素：

（一）海盗行为必为暴行，但不必定是掠夺。

（二）海盗行为是在文明国领土管辖权外的海面之行为。

（三）海盗行为必为未受何项权力委任之行为。

惟有私船可犯海盗行为。军舰或其他公船之暴行不能以海盗看待，而其行为当由其国家负责任。

海盗行为是所谓国际犯罪（international crime），海盗视为各国之公敌，任何一国皆得处分之；凡犯海盗行为之船，丧失其国旗之保护。在国际法上，海盗之处罚可为死刑，但各国国内法可规定较轻之刑。

以上所说，系专就国际法上之海盗（piracy jure gentium）而言。国际法上的海盗不可与国内法上所谓海盗混同。各国国内法可将许多海上行为认为海盗行为，致其范围远出于国际法承认之外。例如英国刑法将一切英人于战时在海上援助敌人，或在公海运送奴隶者，皆视为海盗。此种国内法规则，当然不能发生国际的效力。

（乙）协定的例外　各国可依条约协定，相互的承认在某种情事，一国军舰在公海上可干涉他国私船之行为。

依一八八五年之柏林条约，及一八九〇年之蒲鲁塞（比京）条约，缔约国之军舰，可在印度洋一定的区域，捕拿有贩奴嫌疑之船。

依一八八二年北海渔业协约，缔约国设有特殊巡洋舰，监视各国渔船之行为。

依一八八四年海底电线保护协约，缔约国之军舰，可停止一切有违犯协约上规则的嫌疑之商船，而检查其国籍。

第三编　国际交涉

第七章　国际交涉概说

第一节　谈判

国际交涉有种种不同的形式，谈判（negotiation）是其最重要的一种。国际谈判，是说两个或两个以上的国家，为关于某项事宜，谋达妥协之目的，而进行之交涉。惟有国家能为国际交涉之主体。谈判之行于一个国家与非国家之一当事者之间者，不是国际谈判。例如一国政府与外国银行团关于借债之谈判，不算在国际谈判之列。

国际谈判通常依代表国家之官吏以进行。国家元首亦可躬当谈判之任，但现代此事甚稀。

谈判之方式并无一定，谈判可以口头行之，亦可依文书辩论行之，亦可两者并行。重要的谈判常依外交文书之交换以进行，因为惟如此乃可免去误解。最重要的谈判是依公会（congress）或大会（conference）以行。

谈判有时无结果而终止。而在他方面，如果谈判成功，则其效果可分为两层：或是有一个满足的意见交换，而当事者在法律上不受拘束；或是有一个协定或条约订成，而当事者在法律上受约文之拘束。

谈判以外，尚有其他国际交涉亦甚关重要；例如宣言（declaration），通告（notification），抗议（protest）。

第二节　公会或大会

公会（congress）或大会（conference）之名词，本亦可用以指仅仅两国代表之会合，但一般的说来，公会或大会是特指许多国家代表之集会而言。

有些学者说 congress 与 conference 有分别。但事实上此分别不存在。同样重要的会议有时称为 congress，亦有时称为 conference 者。一八一五年之维也纳会议，称为 congress，而一九一九年之巴黎和会则称为 conference。

一国元首亦可躬亲出席于公会或大会，但通常国际会议总是以各国代表组成。

何国可以派代表到公会或大会，在国际法上亦无一定之规则，一切皆依会议之目的及发起会议的国家之意志以定。公会或大会之参与者，不一定限于主权国家，有时非主权国家亦可参与国际会议。但凡未被招请到会，或请求与会而未见容纳之国家，当然不得加入会议。与会之国各可派出数个代表，但只有一个表决权。

公会或大会之决议，以依到会代表之全体一致取决为原则。公会或大会中讨论结果，如有协定成就，通常订成一个文件，由各国代表签字，称为公会最后之决议书（Final Act），或总议决书（General Act）。当事国在签字之时，对于约中某部分亦可附保留（reservation）。

第八章　条约

第一节　条约之概念

条约是说两个或两个以上的国家关于某项相互关系事宜之协定。条约是国家与国家间之契约。

条约不可与那些非国家相互间之协定，即所谓"准条约"（quasi-treaty）者混同，例如：（一）国家与本国或外国的私人或公司之合同；（二）各国君主相互间关于自己私事或王室事情之协定；（三）国家与教会间之协定，均不是国际条约。

惟有国家能为条约之主体。一般的说来，一国缔结之条约不仅于本土有效力，并且适用于殖民地，属地，如果在契约上未有明文为相反的意思之声明。

通常惟有主权国家有完全缔结条约之自由。非主权国于此常受制限。联邦国之各邦在原则上不许有缔约权，如美国宪法，即禁止各州擅与他州或外国缔约。但瑞士宪法，亦例外的许各州相互间或与外国缔结关于经济利益或国境警察事情之条约。而旧德帝国宪法及新德民国宪法，亦皆许各邦于特定的事件，得与外国结约，但新宪法要求取得联邦同意。

在他方面，有时虽是完全主权国家，亦有在缔约权上受制限者；例如永久中立国。即不容缔结攻守同盟条约。

各项条约之关系复杂，欲求一满足的分类，迄不可得。从其目的上分别，条约可分为政治的条约与非政治的条约两大类。从其内容事件上分别，条约可分为和约，商约，同盟条约，保障条约，仲裁条约，引渡条约等类；从其性质上分别，条约可分为造法条约（law making treaties），与非造法条约两类。从其效果上说，条约可分为过渡的条约（transitory or dispositive treaties）与非过渡的条约两类。①

第二节　条约之形式

条约并未有特定的形式；凡可以明白表示合意之方式，都是可行的。条约曾有口头订立者，如一六九七年俄国彼得大帝曾与德意志的蒲兰丁堡国主弗列得列三世（Frederick III，Elector of Brandenburg）在 Pillau 订立口头盟约。信号亦可为结约之方式，例如在战时，白旗之扬示可以成停战之约。

但一般的说来，条约总是出以正式文书的形式；其内容分配，大抵起首是一个前文（preamble），载明订约国元首之名与其委任的全权代表之名及订约之动机；其次则为各项条文；再后则为关于条约期限，批准等项附则；最后则为各代表之签字。如果条约订于仅

① 条约之目的在树立永久的事物状态者，例如承认条约，割让条约等，特称为过渡的条约，参看 Westlake：International Law，Vol. I，p. 60，p. 294.

仅两国之间，则大抵一方签字者为此国之外交总长，而他方签字者为彼国之全权代表。至于在公会缔结之条约，则签字者皆为出席之全权代表。

第三节　条约成立之要件

条约为国家与国家间之契约。国际条约之成立，亦如私人契约，然须具备数项根本的条件。条约成立之要件有下之三项：

一　当事者缔约资格之具备

缔约者须具备缔约之资格。惟有主权国家在国际法上有完全缔约之资格；非主权国之缔约资格受限制，已如上述。

而在一国之内，何人有代表国家缔约之资格，此纯属于国内法问题。国际法于此但承受国内法之规定。各国宪法各自指定缔约权所属之机关而规定其行使之方式。在一定的限度，各国宪法相同，即他们都将缔约权（treaty-making power）委诸行政部首长：在君主之英、日为国王；在共和之法，美则为总统。

然而缔约包含着两层职分，第一为条约之签订（conclusion），其次为条约之批准（ratification）。

行政部首长通常能独立的依外交总长或外交代表，以行使第一层职分；有时亦经由其他官吏以行使此职分，例如在战时，海陆军司令可以签订关于停战，交换俘虏等约。

至于第二层职分，则各国宪法规定不同。在有些国家，元首可以独立批准条约，而不必得立法部同意；例如英国，国王可不经国会同意批准一切条约。而有的国家，则行政部首长缔约权之行使受有限制，例如在法国，总统缔结和约、商约等，须经国会同意；而在美国，则一切条约均须得元老院同意，而后能批准有效。凡宪法上对于行政部首长之缔约权设有此等制限之国，其元首若不依宪法规定取得立法部同意，擅自批准条约，则如此缔结之条约自始即不生国际的效力。此因为其缔约之资格未完备，缺乏条约成立之一个要件。

二 自由同意

条约既是一种契约，当事者之相互同意是必要的元素，仅仅一方之提案而未为他方所承诺者，不能成约，不能拘束提案者。

同意之表示必须是自由的。凡由威逼缔成之条约，缺乏自由同意之要素，自始即无效。但国际法上所谓威逼，是指对于代表国家缔约之个人身上所加之威逼而言。如果代表个人失其行动自由，被他方威逼签字，其所缔结之约不能拘束国家。在千八百七年(1807 年)西班牙王查尔四世及其子菲地兰受拿破仑威迫，约定放弃西班牙王位，是无效之约定，后来西班牙国民不承认此约，不算是背约。至于威逼之加于国家本身者，不认为足使条约无效之理由。如果一国战败或受外国势力威逼，不得已签一条约，此条约在法律上仍是有效的。此层是国际法上的条约与私法的契约不同的处所。

三 合法的目的

条约之目的必须是合法的。缔约之目的必须不违反国际法之规则；例如一国与他国缔结条约，约定分占公海，或许船舶在公海上为海盗行为，是为无效的条约；因为依国际法，公海不许私有，而各国对于船舶之海盗行为应禁止。

第四节 条约之批准

条约经全权代表或其他谈判者签字，尚不能决然拘束国家；他们的协定尚须经过批准（ratification）而后有效。批准是缔约当事国对于其代表所定的条约之最后正式的承认。往昔学者主张惟在订约代表越权之时，条约始须批准。但现今国家不采此主张。一般认定条约订立之后，关系的国家应当有重行考虑与退出之时机。现今的规则，是：在批准之前，条约无拘束力；条约一般的需要批准，即令是代表并未越权，即令条约中并未说及批准。而在实际上，当有关于批准之条款载在约中。但对于批准之规则有数个例外：

（一）在战时，陆海军司令在其权限内订立之许多协定，即时生效，而无批准之必要，例如俘虏交换协定（cartel），停战协定（truce）。但所谓“全部的停战”（general armistice），则仍须批准，如通常条约然。

（二）各国元首躬亲缔结之条约，不用批准。但即在此场合，亦须是在缔约权行使上未有宪法的制限。

（三）有时缔约当事者以明文规定，为迅速执行计，条约不用批准，即时生效，例如一八四〇年关于东方问题之伦敦协约，一九〇二年，一九〇五年，一九一一年之日英同盟条约，均采此规定。

国家是否有批准条约之义务？此问题久经争论。依实例所示，可以证定国家并未负有此义务。尤其是条约之需要立法部通过如美国者，常有不批准之事，而不发生法律上义务违反问题。批准与否，不受法律之支配，而是各国当就政策上道义上以决定之问题。

条约之批准亦无一定的期限。通常在条约中有所谓批准条款，以明文规定一个期限，在此期限内须实行批准。如无此项条款，则批准当于相当的时期内行之，如已过相当的时期而未批准，则当认为拒绝批准。

批准可为明示的，亦可为默示的，一般的批准是明示的；此即是于一定的地点相互交换批准书。默示的批准，是在国家实际执行其未正式批准之协定。

第五节 条约之解释

关于条约之解释，在国际法上无一定的规则。条约之解释问题常交付仲裁解决。仲裁者有时立出解释之规则，以为解决此种问题之指导的原则。此等规则之重要者可举出如下：

（一）条约之字义当作通常日用的意义解释，除非是明明的用于专门的意义或其他特殊意义。

（二）解释当注意全约之精神。一个条文的解释与他条文冲突者务当避免。

（三）解释须求合于理性，而不可拘泥于文字。

（四）利于正义与人道之条款应当取宽大的解释，而包含苛酷条件之条款应当守狭隘的解释。

（五）如果一条约之语句在各国有不同的法律意义，此当依该各国国内法所给之意义适用于其事件。又如条约之条文包含之名词仅涉及某一国，则当依此国之法律解释。

（六）根本权利之抛弃，须确有明文载出，而不许假定。

第六节　条约之终止

关于条约之终止，常分出结束（expiration）与解除（dissolution）之两种方式。

一　结束

（一）如果条约规定有一定的期限，则在期限满了，条约即告结束，除非是再行改订或延期。在期满之时，不用通知，条约当然消灭，除非明文有别样的规定。

（二）如一个条约载有所谓解除的条件（resolutive condition），（即谓于某项情势发生，条约即失效，）则于此项条件实现后，条约即告结束。

（三）如果条约所规定之行为已经完结，条约即告结束；例如一国约定支付一定的金额，则于支付完了，条约告终。

二　解除

（一）相互的同意　条约虽则是为永久缔结，或为一定的时期缔结而期未满者，亦可依当事国之相互同意以解除之。

（二）一方抛弃权利（renunciation）　如果一个条约对于一方，课有义务，他方可以一方面的宣告抛弃权利，而使此约解除。

（三）执行不可能　如一国与其他两国缔有同盟条约，而值此两国开战，则同盟义务履行不可能，而盟约解除。

（四）不法的目的　如果国际法发达结果，致条约之目的为不法的，则条约亦解除；例如关于私船掠夺（privateering）之约，在巴黎宣言成立以后失效。

（五）战争　一般的说来，战争可以解除交战国相互间之条约。

（六）单方宣告解约（denunciation）　条约之非为永久缔结或非有意树立事物之经久状态时，可依一方之宣言以解除。许多条约，以明文规定解除之可能及其宣告之时期手续。有许多条约无此规定，然亦可依单方的宣告以解除，例如通商条约，同盟条约等。

条约之附有一定的期限或为树立事物之经久的状态者，在原则上不能由一方单独宣告解约，但于此层有两个例外：（一）重大的情势变迁至于一定的程度，一方当事者得据以要求解约，所谓 rebus sic stantibus 之条项于此适用。（二）如果一方当事者有不遵行条约规定之事，他方可斟酌情节，宣告解约。①

① 参看 Oppenheim, International Law, Vol. I, pp. 746 – 758.

第四编　国际交涉机关

第九章　国家机关

第一节　元首

一国元首（Head of the State），不论是君主国之帝王或是共和国之总统，皆为其国对外的最高机关，代表其全部国际关系；他的对外一切合法行为，皆认为国家之行为。国家之一切对外行动皆以元首之名义行之。有些国家对于元首之此项代表权能，设有宪法的制限。在此等国家，元首之对外行为，当守宪法的限度；逾此限度则行为无效，例如未得必要的议会同意而批准条约，则条约不能拘束国家。

元首的权力之来源，在国际法上无关重要。何人在事实上确然握有国家权力，其行为即认为拘束国家，至于此人之是否为合法的元首抑为僭位者，则非他国所能过问。

元首既为一国对外之最高代表，他的地位自当正式的见认于外国。于是君主之即位，总统之当选，照例正式通告外国政府。而值内乱政变之后，政府变更，新政府照例向外国要求承认，以继续国际关系，但他国之承认与否，及在何时始承认，不是法律问题，而是政策问题，当依各国自由意志决定。不过如果外国坚执不承认已经确立之新政府，此方国家亦可对待以报复手段。

第二节　外交部长与外交部

元首虽为一国对外之最高代表，但现代国家元首，无论是君主或总统，大都不直接与外国交涉；对外交涉事务，通常由一个专管机关：名为外交部(Foreign Office, Ministory of Affaires)者主持之。外交部之机关，从卫士特华里和约(一六四八年)以来，存在于一切文明国家。中国之设外务部，以拳匪乱后，辛丑和约之规定开始。

外交部之长官，所谓外交部长(Secretary for Foreign Affairs, Minister of Foreign Affaires)者为国务员；他以元首之名义，经元首之同意处理国家一切对外关系。一切本国与外国之交涉事情均须经由外交部长。外国使节觐见元首，由他陪领；关于外务之一切文书，由他副署。

新外交部长就职，照例通告外国政府。

第十章　外交代表

第一节　使馆制度

在任何时代,国家均有使用特使从事国际交涉之事。但当设使节(permanent legation)之制度,是在近世纪发达出来的。在十五世纪之时,意大利诸小邦在意大利以外的国家如法、英、西班牙诸国,设有常设使馆。此习惯渐传到西欧,中欧国家。在十六世纪中,有缔结特殊条约规定彼此互置常设使节之事,例如一五二〇年英国国王与德意志皇帝有此项条约。而自卫士特华里和约以来,各国益感设立常任使节之必要,至于十七世纪后半期常设使节之惯习确立,今则文明国家几无不在外设使馆者。中国之正式与外国约定互派常设使节,始于一八五八年中英天津条约。

但现今交通机关发达,通信敏捷,许多重要交涉由本国政府直接主持,常设使节之职分已不如以前之重要。

第二节　使节权

所谓国家之使节权(right of legation),是说国家派遣及接受使节之权。向外国派遣公使之权,称为主动的使节权(active right of legation);而从外国接受公使之权,是为受动的使节权(passive right of legation)。

主动的使节权之行使属于国家自由的决定,国家尽可以不行使此权,但实际上多数国家在外国均派有使节。被动的使节权之行使,则不是同属各国自由意志决定之事。除非是有强固的理由,国家不得拒绝接受外国代表。任意的拒绝接受外国代表,确是国际的非礼行为,而可引起国交决裂之事。假如一国接受他国使节,即为承认后者某项权利或地位,为他所不愿承认者,则有拒绝之理由。又如一国遇着外国政府派某特殊个人来充代表,为其所不愿承认者(例如代表为接受国的本国人民),亦可构成拒绝接受之理由。

不是一切国家都享有使节权的。在原则上,惟完全主权国家(及国际联盟),始享有主动的与被动的使节权。其他国家(如属国)是否享有使节权及其权能之限度如何,则随各特殊情形以定。联邦之各邦,亦有例外的享有使节权者,旧德意志帝国之各邦,如巴威利亚萨克逊等,即相互的或对于外国行使此权能。现今英国的自治殖民地如坎拿大及爱尔兰自由国亦享有使节权。

第三节　外交代表之等级

外交代表(diplomatic agents)分为四级;此系在一八一五年维也纳公会及一八一八年耶拉什丕尔(Aix-la-Chapelle)公会所协定者。在维也纳公会,欧洲各国协定将外交代表分为三级:(一)大使(Ambassadors);(二)特命全权公使(Ministers Plenipotentiary and Envoys Extraordinary);(三)代办(Charg's d'Affaires)。嗣在一八一八年耶拉什丕尔公会又增加一级代表,称为办理公使(Ministers Resident),以介乎全权公使与代理公使之间,构成第三级代表。

(罗马教皇所派之代表称 legates 或 nuncios 者,列于第一级;其代表称为 internuncios 者,列于第二级。)

在同级的代表之中,以通告到任之先后定位次。

第一级代表,即大使者,视为同时代表元首之尊严与国务,享受荣典独多,大使说是有与元首躬开谈判,有随时请谒元首之特权。但此等特权今已无大价值;因为在现今立宪国家,一切重要政务均须经过外交部长之手,元首口头约诺,不能构成国家行为。

第二级代表即全权公使,不认为代表元首本身,而认为仅代表国务。因之他不能享受大使之特殊荣典,不享有与元首直接交涉或随时请谒之特权。除此以外,此两级代表之地位,并无区别。

第三级代表,即办理公使,亦系代表国务,但享受荣典更少,他们不享有 Excellency 之称呼。此外实际的地位与第一二两级亦无大分别。

第四级代表,即代理公使,系由一国外交部对他国外交部派遣,此是与前三级代表大不同的处所;前三级代表都是由元首对元首派遣的。代理公使所享荣典,较之前三级为少。兹有须注意者,则此处所谓代理公使系指所谓 Chargé d'Affaires ad hoc,真正的使馆长官而言。此外尚有所谓 Chargé d'Affaires ad Interim 者,系长官不在馆中委任馆员代理之称,此不过是临时代理使馆职务之人。俄滨罕以为不如称为 Chargé des Affaires(馆务代理)。[①] 此种临时代理之位次当然更在真正的代理公使之下;因为他不是由一外交部派遣于他外交部者,而只是长官委任之代理。[②]

在一国之所有的外国代表,组成所谓外交团(diplomatic corps),照例以到任最先之上级代表为领袖。

第四节 外交代表之就任

凡外交代表赴任,须带有数种必须的文件:

一、信任状(letter of credence or credential) 此项文件在中国通称为"国书。"此是一国政府派遣大使或公使于外国之主要的正式证书。第一、二、三、各级代表之信任状,由元首对元首而发。代表一到任所,即将信任状之副本,送致所在国之外交部,通告到任。而信任状之正本,则由代表亲递于元首。代理公使之信任状则由外交部对外交部而发,所以不由元首署名,而由外交部长署名。

① Oppenheim, International Law, Vol. I, p. 615.

② 在中国外交官官制中,真正的代理公使称为"代办使事官,"而临时代理馆务者,称为"临时代办使事官。"

二、全权委任状(fu'll powers)　常设使节,如果除常规职务外,别无特殊使命,即不需其他委任文件。然如带有特别使命,例如谈判一条约,他即须带有所谓全权委任状。至于代表之非常设使节而专为特别使命者,如参与公会,谈判特殊条约,则只须受领全权委任状,而不用信任状。

三、训令(instructions)　一切常设使节或其他代表,皆从本国政府受领训令,以为行动之指针。但此项训令属于代表所私有,而不是公开的。

四、护照(passport)　常设外交代表随带护照,于到任所后缴存所在国之外交部,直至离任时取还。

五、通行状(safe-conduct)　如外交代表赴任地,须经过第三国,而此第三国适与本国在交战状态,则须特别带有所谓通行状,因为在战争时,一国代表入敌人境地,可被捕留作俘虏。

外国政府有拒绝接受某个人为外交代表之自由。所以现代国家于任令某人为代表以前,照例先探询彼方国家之意思,审定其人为彼方所愿意接受,即于彼方为 persona grata,而后正式任命之。

一国既不拒绝某个人来充代表,则当于其到任所之时,行接受之礼。但接受之方式,依外交代表之等级而有差别。凡属第一、二、三、各级代表,则由元首亲自接受。如果代表是代理公使,则由外交部长接受。依正式的接受,代表取得所在国公式的承认,而从此正式开始行使职务。但他的特权,则当于正式接受以前赋予之。

关于外交代表接受之规则,不适用于参与公会之代表,因为他们不是对公会所在之国家派遣,他们的全权委任状须在公会会场提出。

第五节　外交代表之职分

关于外交代表之职分，可就常设使节与临时特派使节分别说明。临时使节，或是仪式的大使，或为特殊谈判之专使，其职分依其使节之目的而明白。但常设使节之职分则较复杂，有特述之必要。

一、谈判　常设使节之一个常规的职分为谈判；此处所谓谈判，系用于广义的意思，指国家与国家间一切外交上的接洽而言。常设代表在所驻国，代表本国国际关系，为本国元首，外交部长与所在国政府交通之仲介。

二、观察　常设代表之第二个重要的职分为观察；代表当注意有关本国利益之一切事情而报告之于其政府。国家依外交代表此种报告，得周知外国之军事上，财政上，经济上之实状。凡授受外交代表之国家，不得妨害代表行使此项职务。

三、保护　外交代表之第三个重要职分，是保护本国侨民之生命，财产与利益。如果此等侨民受欺害，不能依通常司法方法以求救济，而请求本国公使援助，公使当给以保护。

除此以外，一国代表固亦可于所在国法律许可之限度内，执行其他职务。

有须特别注意者，外交代表不得干预所在国之内部政治生活。他们如滥用他们的地位，有干预内政之嫌，所在国可要求其本国政府召还，或在事情重大之时，施行驱逐手段。

第六节　外交使命之终结

外交代表之使命，可依种种方式以终结。代表身死，其使命当然告终，如果其信任状上规定有任期，则期满后使命亦告终。又如代表之使命本为特定的目的，如庆贺婚典，参加戴冠式之类，则职务履行后使命亦告终。

代表之本国或所在国之君主身死或让位，代表之使命亦告终。共和国总统之死或其任满，无此效果。如果代表为代理公使，则元首之死亡，亦不影响于其使命。

外交代表之使命因本国与所在国开战而告终。

在代表之本国或所在国有革命发生，变更政府，例如君主变成共和，或废黜一个君主而迎立其他，则代表之使命亦告终。

外交代表可依本国政府之召回而告终。又代表自身如自动的要求护照回国，其使命亦告终。

又有时外交代表可因所在国之政府不满于代表个人之行为，要求其本国召回，或在事情重大之时，迳行放逐，而其使命告终。此等要求召回之例，最近在欧战中迭见，例如美国在一九一五年要求奥政府召回其驻华盛顿大使 Dumba 氏，因为他在美国有煽乱美国军火制造厂罢工之计划，而利用美国人民使用美国护照，暗报军情。①

① 关于外交之全部规则，参看 Satow, A Guide to Diplomatic Practice, 2 Vols, 2nd ed, (1922).

第十一章　领事

第一节　领事制度

领事制度是国际商业上一个古的制度，此可溯源于中世纪。

至于十五世纪中，在西欧国家，领事制度一般的发达；此等领事亦如在东方国家之领事然，对于本国侨民行使民事的刑事的法权。后来西欧国家不复许外国领事行使民事上刑事上的法权。领事之职权，乃偏于商务保护的性质。

现今各国驻外领事虽可带有种种不同的职分，然主为本国通商航海之利益而设。因为领事不是外交代表，他们不能享有外交官特权。通常他们亦不与闻本国与驻在国间之交涉。惟耶教国家在东方国家之领事，保有他们旧来的权限，对于其本国侨民行使民事的刑事的法权。在此等国家，领事之地位，根本的与一般领事不同。后来欧美国家在远东国家新设之领事，亦享有此特殊地位。

领事可分为两种：（一）本职的领事，或专任领事（consules missi），此是国家特派往外国专任领事职务之官吏；（二）非本职的领事或名誉领事（consules electi），此是从领事区域内之个人选任，兼领事职务，而同时仍经营其自己的业务者。

领事之等级及权限，由各国国内法自定；通常分为四级：（一）总领事（consuls general）；（二）领事（consuls）；（三）副领事（vice consuls）；（四）代理领事（consular agents）。

领事隶于本国外交代表之下，受其指挥，而仰其援助保护。

第二节　领事之职任及其终结

依国际法，一国无必接受外国领事之义务。但以各国通商关系之密切重要，实际上各国皆相互许派领事驻在境内。通例，在通商条约上或特殊领事条约上，规定互派领事之权利。但一国为政治上或军事上的理由，亦有划定某某地域不许任何外国领事驻在者。

领事之任命，有所谓 letter de provision（领事委任状）；而其职务之执行，须先从驻在国政府请得所谓 exq'uatur（领事执务证），方能开始。

"领事执务证"亦可以对人的理由拒绝交付；而既交付之认可证，亦可撤回。

领事之职分，依条约，习惯及国内法而有差殊，通常可分为四部：（一）商工业利益的照顾；（二）航务监督；（三）侨民保护；（四）公证职务（notorial function）的执行。

领事虽然不享有外交官特权待遇，但他的地位究与一般人不同，他是公认的外国政府所派的官吏。至少他的身体及其馆舍当受特殊保护。通常关于领事之特权，规定于特殊条约；依此等条约，领事在法权上课税上常享有宽典，而他的公用文件不可侵犯。

领事之死亡,执务证之撤回,领事之召回或被驱逐,及派遣国与驻在国间之战争,皆是一般认为使领事职务终结之原因。

领事驻在之区域如依割让,合并,或革命而移属于他国,领事职务亦当认为因此告终。

领事职务,不因其本国或驻在国元首变更而终结。所以在新君即位或君主变成共和之场合,领事无换新委任状或执务证之必要。

第十二章　其他国际事务人员

第一节　非外交性质的特派员及行政委员

除外交代表与领事以外，国家尚可派遣其他特派员赴外国，以处理政治的及行政的交涉事务，兹举其重要者如下：

（一）政治性质的专员　此项人员可分为两类，即：公然派遣的特派员（pu’blic political agents）与秘密派遣的特派员（secret political agents）。

公然派遣的特派员，是一个公然派赴外国，从事各种政治的谈判者。因为此等人员未具有外交官的性质，他们不用信用状，而只受领所谓 letter of recommendation or commission（推荐状或委任状）。此等特派员当然不能享受外交官地位或特权。但他们究是带有公共任务的人员，既公然派遣而得外国容纳，则应给以特殊保护。他们的身体及文件，应当不可侵犯的。

秘密的特派员，同样的可以政治的目的派出。秘密特派员又可分两种：一种是由本国派赴他国，仍带有推荐状，而得外国政府接洽，不过是对于第三国守秘密者；又一种是全然秘密的派赴他国，不推带荐状，不与他国政府接洽，而暗中从事于政治的目的者。

第一种代表之地位与公然派遣的人员相同。第二种，则在国际法上不承认有何特殊地位，而当视同一般外国人，不享受特殊保护。

（二）行政事务委员（commissaries）　此是一国派往他国之人员，不带政治性质之使命，而专从事于行政专门性质之接洽事宜者；他们是带有推荐状或委任状的人员。例如在两国间为关于铁路，邮政，划界等事而派之委员即是。他们的身体及公文当是不可侵犯的，因为他们是正式派遣而被容纳之公务人员，与一般私人地位不同。

第二节　国际委员会及国际事务局

一、国际委员会

国际委员会（International Commissions）是两个或两个以上的国家特派人员组成，所以执行国际关系事务者。

国际委员会可分为常任的与临时的两种。临时国际委员会可依种种目的以设立，例如调查争议事件，划定国界，协定各项行政问题等。此种委员会有特别规定于国际条约者，如海牙条约所规定之"国际审查委员会"（International Commission of Enquiry），即其最重要的一个。

常设国际委员会之重要者，在战前有关于达溜白河管理之国际委员会（European Danubian Commission）；此委员会具有独立的地位，广大的职权，其人员享受不可侵犯之权利。

战前关于国际债务事件，亦常为债权者之利益，设立常任国际委员会，例如在土耳其（从一八七八年起），埃及（从一八八〇年起）,希腊（从一八九七年起）,均设有此项委员会。

依巴黎对德和约,列强设有赔偿委员会（Commission of Reparation）;此亦可说是常设委员会的性质。

国际联盟设有两个重要的常设委员会,即:常设军事委员会（Permanent Commission on Military, Naval and Air Questions）与委任统治委员会（Permanent Mandates Commission）。

二、国际事务局

从十九世纪后半期以来,许多关于国际共同事务之协约缔结,创立国际行政的同盟或联合（Unions）,而设有国际事务局（International Offices）,以执行其事务。此等国际事务局之人员,通常不享有何项外交特权。例如万国邮政同盟所设之国际邮政事务局（International Post Office,设于典士之 Berne）,及万国度量衡事务局（International Office of Weights and Measures,设于巴黎）即其重要者。

国际联盟之秘书处（The Permanent Secretariat of the League of Nations）是战后新发生的一个最重要的国际事务局,其职员依联盟规约享受外交特权。

国际劳工事务局（International Labour Office）,依一九一九年对德和约中之国际劳工规约而设立。此设于国际联盟所在地,亦是一个新产生的重要的国际事务机关。

本论·卷下

程序法

第五编　国际争议及其解决手段

第十三章　国际争议

第一节　国际争议之性质

国家与国家间之有争议，亦尤之私人与私人间有争议然。但国际争议与私人争议有一根本不同之点，即：在国家之上无再高的权力，可以最后的对于国际争议下一判决。

通常国际争议分为政治的争议与法律的争议两类。法律的争议起于权利问题；而政治的争议则生于政治利益之冲突。此项区别虽有时不易严明的划定，然究是重要的。因为解决国际争议，因争议的性质之不同，有应用不同的解决方法之必要。比方关于条约解释问题，属于法律的争议，一般认为适于司法的仲裁的解决。而至于政治利益问题，则须别以比较伸缩力多的方法解决之。

第二节　争议解决之手段

对于国际争议解决之手段，可分为三类：其一为平和的手段(amicable means)；其次为非平和的(nonamicable)或强迫的手段

(compulsive means);最后则为战争。

在国际联盟成立以前,平和解决争议之方法,可举出六项:(一)直接谈判;(二)斡旋(good offices);(三)调停(mediation);(四)国际调查委员会(International Commission of Inquiry);(五)常设国际委员会(Permanent International Commission);(六)仲裁(arbitration)。

国际联盟规约新设有三项平和解决争议之方法:(一)联盟理事会之审查报告,(二)联盟大会之审查报告,(三)常设国际法庭之判决。

至于强迫的手段则向来有三项:(一)报复(retortion),(二)报仇(reprisals),(三)平时封锁(pacific blockade)。国际联盟又创设一种特殊强迫手段(毋宁说是联盟之制裁手段),名为“经济的绝交或封锁”(economic boycott or blockade)。

战争可说是最后的而最重大的强迫手段。国际联盟亦未否认战争之手段,不过加以限制而已。①

① 一九二八年八月二十七日在巴黎签字之非战公约“The Multilateral Treaty for the Renuneiation of war”通称巴黎公约 Pact of Paris 者,至一九三二年已有五十九国批准;此公约一般的废弃战争,而几乎以全世界国家为当事国,较之国际联盟规约,自较为进步,不过在实行上其法律的价值大可疑耳。参看 Eagleton, International Government, pp. 574—583.

第十四章　平和解决争议之方法

第一节　斡旋与调停

直接谈判当然是平和解决争议之一个最普通而最简单的方法。大部分的国际事件都依当事国直接谈判以处决。

及至通常外交手段已穷，谈判无成，乃诉诸其他特殊方法。斡旋与调停即此等特殊方法之常用者。

第三国为促成争议当事国开谈判而尽力，是为斡旋。斡旋可于战争发生以后提出。任斡旋之劳的第三国并不直接参加谈判。其全副目的是在促成争议当事国的会合磋商。斡旋是可以拒绝的。美总统卢斯福在日俄战争中，对于日俄和议起来斡旋，卒观一九〇五年玻兹玛斯和约之成立。

调停与斡旋不同，调停者以中人之资格进而参与谈判，有时调停者提出条件作为争议当事国谈判之基础，以促成协定。调停可为单独的，亦可为联合的，调停可由第三国自动的提出，亦可出自争议国之请求。调停可为防免战争而提出，亦可为停止战争而提出。第三国无必提出调停之义务，争议当事国亦无必请求或接受调停之义务。但请求调停之义务有时以明文规定在条约，例如一八五六年巴黎条约。

调停说是较之司法解决，于处决政治的争议为适宜，因为此种争议之解决需要调和妥协之精神。

斡旋与调停，规定在海牙国际争议平和解决条约（Convention for the Pacific Settlement of International Disputes）。此约原成于一八九九年，而一九〇七年之海牙会议续订之。海牙条约对于斡旋调停未为分别，而鼓励争议当事国及第三国应用此方法，并声明对于第三国之提出斡旋或调停不得视为非友谊的行为。斡旋调停纯是劝告之性质，而不具有拘束力。

海牙条约于承认通常斡旋，调停之方法外，尚新设一个特殊的调停方法。①

第二节 国际调查委员会

国际调查委员会，是一八九九年第一次海牙会议创设的制度，规定在海牙条约第一编。依该约第九条，凡遇有国际争议无关名誉或根本利益，而只起于事实之争点者，争议当事国如不能依外交手段解决，当于情势所许之限度内，设立国际调查委员会，依公平之调查，辨清事实，以谋争议之解决，此制度第一次应用于一九〇四年英俄间关于北海渔船事件（Dogger ank ease）而见成效。一九〇七年第二次海牙会议，鉴于一九〇四年应用成功之经验，不仅仍在海牙条约第一编中保存此制，并且为之更详加规定。

① 参看本书后部分附录有海牙条约原文。

与国际调查委员会之性质不同，而发于同样的思想者，有所谓蒲莱安平和条约（Bryan peace treaties）设立之“常设国际委员会。”此项条约发意于美国前国务卿蒲莱安，而在一九一三——一九一四年之间，美国与其他许多国家订立之（其数达三十）。此等条约最重要的共通之点，即在：设一常设国际委员会，以为彼此解决争议之机关。凡遇争议发生而不能依外交手段解决者，当即交付此委员会审查并报告；在调查期内，彼此不开战或取敌意行动。不过依此项委员会以解决争议之方法，只适用于美国与其缔约之各国间，而非一般国家共认之制度。实则此项方法，迄今亦未适用过一次，虽则上项平和条约许多现在尚有效。①

第三节　仲裁

仲裁之原则　以上所述各种解决争议的方法，皆属于政治的解决，而仲裁则属于法律的解决。仲裁为国际关系上一个古制度，在古代及中世纪曾见其例；但其一般的发达，究是从十九世纪后半期起。

仲裁可说是平和解决国际争议之一个最重要的方法。此即是争议当事国以其争议事件交付他们自己择任之判官处决，而相约服从其判决。

仲裁之成立，常始于当事国间之一个特殊协定，名为 compromis（仲裁合同）者；在此协定中，规定争议之性质及限度，仲裁员之权

① Hershey, Essentials of International Public Law and Organization, pp. 466 - 467.

限,及仲裁员任命之方式。有时一个外国元首被任为仲裁人;他可利用专门家之辅助,可委任他人行使仲裁职务,但判决须以元首自己的名义宣布之。如果私人被任为仲裁员,则不得委他人代行职务。仲裁判决不须全体一致同意,而可以多数取决。在仲裁合同中,规定争议之事项,有时提出问题求解答,有时且定出特殊规则,为仲裁员在判决争议时所当适用者。仲裁合同亦且定明开庭之时期及地点,仲裁程序及公用语。

仲裁案件之进行与通常法庭相类似。争议当事国派代理人或律师出庭辩论。仲裁判决对于当事国有拘束力。不过例外的在特殊情势之下,仲裁判决亦可以被否认的;比方仲裁员逾越权限,或仲裁判决出自贿赂欺诈之类。

海牙条约　在一八九九年及一九〇七年之两次海牙平和会议,对于仲裁制度曾大加讨论。海牙会议认定仲裁为处决法律性质的争议而最有效最公平的方法。海牙条约对于仲裁制立有详密的程序法规。而最重要的一举,尤在其创设一个常设仲裁院(Permanent Court of Arbitration)于海牙,以便于仲裁方法之利用。

一八九九年之海牙条约第一编,即所谓国际争议平和解决条约(Convention for the Pacific Settlement of International Disputes)中,载有关于仲裁之详则;一九〇七年之海牙条约第一编续载之,而加以增修。一九〇七年海牙条约第一编第三十七条至九十条,均系关于仲裁之规定。

常设仲裁院　依一九〇七年海牙条约第一编第二章(第四一—五〇条),缔约国设一常设仲裁院,以便于争议国随时诉诸仲裁。仲裁院以缔约国任命之人员组成之;每国任命至多不得过四员,此等人员当为国际法专家,而具有高尚道德之名誉者;其任期六年，可以连任。缔约国所任命之人员，登记在一总名簿之上。仲裁院随时可应用，而对于一切事件行使法权。

但争议事件不是由仲裁院全部开庭审判。所谓常设仲裁院不过是备有一个仲裁判官候补人名簿，争议国可随时就其中择任仲裁员，组成法庭，判理争议。争议国亦仍可自由依其他方式，择任其他仲裁员以处决他们的争议；他们并无必诉诸海牙仲裁院之义务。

争议国如未别有特殊协定，他们可依下之方式组成法庭：每一当事国择任两个仲裁员，但惟许有一个是本国人，或系由该国任为仲裁判官载入海牙名簿之人。如此择任之四个仲裁员，协同择任一个总判员（umpire，或译为"总公断员"）。仲裁员在执行仲裁职务中，享有外交代表的特权。如值两国之间有争议发生，争议当事国之一方随时可以通告仲裁院事务局，声明他愿将争议交付仲裁；该事务局当立时将此声明转告争议之他方。

简易仲裁程序　一九〇七年海牙会议且制定有比较简易的程序，以便于小事件之仲裁。仲裁员之择任不限于常设仲裁院人员中。争议当事国各择任仲裁员一人，而此两仲裁员共同择任一个总判员。各造由代理人代表之，诉讼辩论以书面行之。

强制仲裁原则　在原则上，各国从来无必以争议交付仲裁解决之义务，换句话说，即国际法对于各国未定有强制仲裁之原则。但国际平和运动者鉴于仲裁之有利于解决国际争议，极思推广其用途，而有强制仲裁之主张。在一八九九年及一九〇七年之两次海牙会议，曾讨论此问题，而提出有强制仲裁之案，皆以德国代表之反对不克成立。一九〇七年之海牙会议，惟在海牙条约第二编，即限制用兵索债条约中，间接采用强制仲裁之原则。

在他方面，则最近二三十年中，尤其从一八九九年海牙会议以来，各国之间有许多一般仲裁条约缔结出来，缔约当事国互认有适用强制仲裁之义务。此等仲裁条约，有的规定，缔约国将他们相互间一切争议交付仲裁；然而他们一般的将争议之涉及其国家之根本利益，独立名誉者除外，不令适用交付仲裁之义务。

第十五章　国际联盟与国际争议

第一节　国际联盟解决国际争议之原则

欧战以后，国际联盟组织成立，在国际争议之解决方法上，开一新纪元。国际社会固有的争议解决方法在联盟成立后仍然适用，且因联盟之组织而益增其力量。

国际联盟一个主要的职分在防止战祸。联盟规约对于联盟自身及各盟员课有特殊的义务，以期争议及时平和解决。

依联盟规约（第十一条），凡值有战争或战争之危机发生，联盟秘书长当应盟员之请求，召集理事会会议。联盟对于一切战争或战争危机，无论其直接关系盟员与否，当取保障平和之适当手段。联盟于此可斟酌情势，取种种的不同的手段：或出以调查、调停，或公会之形式，或对于当事国为及时的警告。

各盟员关于国际争议所负之一般的义务，是：凡遇有破坏国交的性质之争议发生于盟员与盟员之间，彼此当以之交付仲裁或司法的解决，或提交理事会审议报告；非到仲裁或司法判决，或理事会报告经过三个月后决不开战。（第十二条）

联盟规约对于盟员之上项义务规定有制裁手段，如果盟员违

反此项义务，径行诉诸战争，当认为对于全体盟员犯有战争行为，而当共同对待以经济的或甚至军事的制裁手段。（第十六条）

盟员与非盟员（非联盟国）之间，或非联盟国相互间有争议发生，联盟亦可使非联盟国接受与盟员同样的义务。（第十七条）

第二节　理事会及大会之审议报告

国际联盟新增有三项平和解决国际争议之方法：（一）理事会之审议报告，（二）大会之审议报告，（三）常设国际法庭之判理。

理事会之审议报告，当系联盟解决国际争议之最重要的方法，因为此项方法于处决政治的争议最有力。

依联盟规约（第十五条），如值盟员之间发生争议，势将至于决裂，而此项争议又未付诸仲裁或司法的解决，则当以之提交理事会审议报告。

争议之提交理事会，只须当事国一方以争议存在之事通知联盟之秘书长。理事会审议事件时，当事国得派代表与议。理事会首先当力图争议之解决，如其成功，当发表一说明书，酌载关于该争议之事实说明及其解决条件。如果争议不克如此解决，理事会当于争议提出后六个月内，或是依全体一致同意，或是多数议决，对于该争议之事实与所认为公平适当的解决之建议，作成报告发表之。理事会此项报告，如得该会全体一致同意（除争议当事国之代表以外），盟员不得向彼服从此报告之争议当事国开战。反之，如果理事会之报告未得全体一致同意而仅依多数议决，则盟员保有其行动之自由，但须遵守一个条件，即：无论如何，在报告提出后三个月内不诉诸战争。

提出于理事会之争议,亦可由争议当事国之请求或执行部之自动,移付大会审议报告。争议一经移付大会,则关于审议事件理事会所有之权限,适用于大会。惟关于报告生效之条件则有差异。大会之报告如得组成理事会的盟员之代表全体同意,及其他盟员多数之代表(争议当事国代表皆除外)同意,当与理事会的全体同意之报告有同样的效力。

理事会及大会之审议报告,具有国际和解之性质:此两机关于此可说是履行所谓"和解委员会"(Council of Conciliation)之任务。①

第三节　常设国际法庭之判理

国际联盟为谋国际争议之平和解决已设有和解制度。但国际争议许多属于法律性质者,则有一个真正的当设的国际法院,依司法的方式,处决争议。联盟规约第十四条规定有一个常设国际法庭;此法庭于一九二二年二月正式成立于海牙,今已开始执行职权。

常设国际法庭之判理争议与仲裁解决之制度并行不悖;该法庭并非以代替海牙仲裁院者,后者不因之取消。

常设国际法庭　以联盟理事会及大会合选之正判官十一人(从一九三〇年起增成十五人)及预备判官四人组成之。每年于一

① 参看本书后部分附录有国际联盟规约原文。

定的时期开庭，至案件审完为止。该院审理争议，以正判官全部出庭为原则。

常设国际法庭对一切具有国际性质而经当事国提交之争议具有审判权。争议之提出于该院，以当事者双方合意为条件。但联盟盟员亦得预先声明，关于下列之法律的争议，承认该法庭之强制的法权：(一)条约之解释，(二)一切国际法的问题，(三)违反国际义务之事实存在问题，(四)对于违反国际义务应予之赔偿的性质与限度。一切如此声明，盟员关于此等争议，即接受了强制仲裁之义务。①

① 参看本书附录三常设国际法庭组织法原文。

第十六章　国际争议解决之强迫的手段

第一节　报复

报复(retortion)是强迫手段中之最轻的一种。报复是说对于外国之非友谊的行为而报答以同样的或类似的行为。

国家有时所为之立法的,司法的或行政的行为,虽不是国际不法行为,然而对于他国究是非友谊的行为。他国如以此等非友谊的行为于已有害,则有一政治的争议存在,而可依报复手段以处决之。例如甲国对于乙国货物特别课重税,而乙国以为此等重税有害其国利益,则亦对甲国货物课重税以为报复,以期强迫甲国改变政策。此项手段虽是强迫性质,然与暴力或战争无关;两方均不为破坏法律。

在何种情势之下,始可使用报复手段。此宁属政策问题,而不是法律问题。报复原来是为处决政治的争议之一种手段。

第二节　报仇

报仇(reprisals)是处决国际争议的强迫手段之重大者。有时一国因为他国的行为而受损害,对后者取极端手段,以求救济;其行为虽在平常为不法行为,而国际法例外的于此等情势之下容许之。如此的行为,特称为“报仇”。

报仇手段可是积极的,亦可是消极的。消极的报仇可不用武力,例如停止执行条约。积极的报仇,则通常为对于对方国家或其人身之财产所取之种种强暴手段,如差押财产,捕拿船舶,或占领土地等。而最普通的方式,厥为扣留对方在本国港内的船舶,此特别名为“扣船”(embargo)。在一八四〇年英国为叙利国违背商约,扣留其在马耳他(Malta)港内的船舶。法国于一八八四年炮击中国的福州,亦是用报仇之名义。

报仇实际为战争性质的行为,不过当事者之意思不在开战。而在法律上,报仇与战争不同,前者未有断绝外交关系,废止条约之效果。但如值对手国使用武力来对抗,亦可将报仇变为战争。如果战争如此发生,则其效果从报仇之手段开始之时算起。实则报仇手段大都是强国对于抵抗力薄弱之弱国行使,因之不免有滥用之弊。

第三节　平时封锁

在十九世纪中，一国或一群国家，常有封锁他国海港，而表面上仍与后者立于平和状态之事。此项行动，称为平时封锁(pacific blockade)。依其名称所示，可知于此虽有封锁之战争性质的行为，而仍不算脱离平和关系。

平时封锁可为两种目的以行使：

(一)列强为干涉或为国际警察之目的封锁他国海港；

(二)一国单独，或一群国家共同封锁他国海岸，以达解决争议，救济损害之目的；换句话说，即为一种报仇之手段。

最有名例，是一八二七年英俄法三国舰队为干涉希腊乱事，封锁希腊海岸；其结果有 Mavarino 之海战，而列强犹不认为与土耳其立于战争状态。

在一八五〇年，英国为报仇目的，封锁希腊海港；而在一八八四年法国封锁台湾海岸；在一八九三年法国封锁暹逻之湄南(Menam)港，亦说是为同一的目的。平时封锁是否为国际法所承认？多数学者说各国有行使平时封锁之权利，国际法学会在一八八七年之决议亦承认平时封锁。而依十九世纪以来之国际实例，可以证明平时封锁已成为公认的处决国际争议之强迫手段。

但关于平时封锁之规则，则不如是之确定。

(一)关于被封锁国之船舶　现今似乎学说与实例一致承认，被封锁国的船舶如破坏船舶，可以捕拿收押。但此等船舶不得宣告没收，而当于封锁解除后退还原主，不过不给赔偿耳。

(二)关于第三国船舶　在平时封锁之下,第三国船舶如敢破坏封锁,是否可以被捕拿收押或仅阻止,学说与实例均不一致。惟现代倾向似渐承认第三国船舶有完全通过之自由。国际法学会在一八八七年之决议,承认凡挂外国国旗之船舶,可不管封锁,自由入港。一九〇二年,德英意为报仇目的,封锁 Venezunla 国之海港,他们因为要使其对于第三国船舶生效力,至不得不宣告此次封锁为战时封锁(war blockade)。

平时封锁亦如其一般报仇手段然,有为强国滥用以压迫弱国之弊。但如为多数国家对于不服理喻之一国共同行使,以达干涉或国际警察之目的,亦常有效用。

在欧战中,世人深感在国际生活上经济压迫之有力,因之推重所谓经济"绝交"或"封锁"(economic boycott or blockade)。以为最适于国际警察之用。此项意思,已实现于国际联盟;在联盟规约中,经济绝交,定为一种国际制裁;此亦是国际社会一种新的强迫手段。

第六编　战争

第十七章　战争概说

第一节　战争之概念

自国际法视之，战争是国际关系上一种状态，发生一定的权利义务。在近世国际社会，战争认为一种不可避免的事实。国际法但承认此国际关系的事实而为之规律。至于战争之本性或其目的之正不正，则非国际法所过问。一旦战争状态成立，各方当事者皆立于一定的法律的地位：

简单的下一定义，“战争是国家与国家间之武装的争斗”。战争之特征如下：

（一）战争是争斗　凡一战争之存在必有两个或更多的国家使用武力相敌对，虽则战争之开始可起于宣战或其他单方的开衅行为。单方的暴力行为由一国加诸他国，而未有预先宣战者，虽可为发生战争之原因，而自身并不构成战争，除非是他方对答以类似的敌对行为，或至少他方宣言认为战争行为。

（二）战争必是发生于国家与国家之间　一群武装的个人或团体与国家间武力之冲突不是战争。在原则上，内乱（civil war），不算是国际法上所谓战争。

（三）战争双方之对手是武装的军队 当事国之私人不直接间接属于武装的军队者，即不参与战争。而不为攻击之目标。一般的说，他们的生命，自由与私产（除若干例外）应当尊重。

第二节 战争之开始

关于战争开始之规则，在各时代有不同。从欧洲中世纪以至于十七世纪初期，国家开始战争，必先之以宣战。但在十七世纪中，宣战之手续渐不照常行使，而在十八世纪则宣战成为例外；所有宣战之事常在敌对行为开始之后。十九世纪大部分宣战仍未成规则。迨至十九世纪后半期，预先宣战之例渐示回复之征兆。从千八百七十年以后之一切战争，几于皆经过宣战之形式或附条件的宣战之最后通牒。

英美学者虽一般的否认宣战之必要，而大陆学者则向来主张宣战之义务。在十九世纪后半期，国际舆论，认有关于战争之开始定出明白的规则之必要。千九百七年之海牙会议讨论此问题，而产出有海牙条约第三编（Convontion Relative to the Commence ment of Hostilities）。依此约第一条，国家与国家间非先有明白的警告不得开始战斗行为。此项警告或出以宣战（declaration of war）之形式，或依一最后通牒而附条件的宣战（ultimatum with conditional declaration of war）。

在千九百十四年之欧洲大战，各国皆履行宣战手续。我们可以说，现今宣战已成为国际社会公认之规则。

绝交与宣战 在国际关系上常有所谓绝交（rupture of diplomatic relations)之举。在国家与国家之间发生争端,交涉不决之时,苟一国不满于对手国之态度或行为,对于交涉之前途绝望,而又审事件之性质尚不至于需待武力解决,或用武之时机未到,则召还公使,断绝外交关系,以示决绝。此项外交手段有即为宣战之先步者,例如在欧战中,中美对德宣战,均先之以绝交。但绝交不仅与宣战为两事,两者之法律的效果悬殊,而且绝交与宣战不必有连带关系。有许多的场合,一国与他国一般的止于断绝外交关系,久之两国争端平和解决,国交复旧,其间并不发生战事。

第三节 战争发生之效果

凡一战争发生,对于交战国相互间及其人民之关系上即时有重大的效果,其重要者可分述如下。

一、外交关系

两国外交关系之断绝,也许在开战以前已经实行。然如先前未有绝交之事,则战争发生即时致交战国间之外交关系断绝。双方外交代表被召还,他们各向驻在国政府索还护照,或驻在国不待其请求而先即交还之。但是外交代表于回国以前,在其驻在的敌国境内,仍当享受固有的特权。交战国外交代表回国,其使馆及其文件封存,交由一个中立国公使保管,其本国人民利益亦委托中立国公使保护。

战争发生,交战国领事职务亦告终。

二、条约

以前的学者主张,战争发生当然消灭交战国间以前所订一切条约(除特为战争订结之约章外)之语,其说不确当,现今大多数学者不承认战争之发生有消灭一切条约之效果。一般的意见,是条约受战争影响之程度,依各约自身之性质及其目的而不同。兹分别述之如下:

(一)条约之特为规律战争行动者(例如海牙条约),当然随战争发生效力。

(二)政治条约,例如同盟条约,保障条约,保护条约之类,因战争作废。

(三)非政治的条约,而其日的不在树立永久事物状态者,例如通商条约,在战争发生后停止施行,或竟被废止,全属当事国之自由。最妥便的方法,是在和约中以明文规定此等条约之复活或改订。

(四)所谓“过渡的条约”或条约之目的之在树立永久事物状态者,如承认独立之条约,割让条约,划界条约等,决不受战争之影响。

(五)条约之有第三国在内者,似全不受战争之影响(除非是战争即因此约而起)。例如普奥于一八六六年为德意志的问题开战,他们与其他列强共订之巴黎条约(一八五六年)不因此战争受影响。但如果战争即起因于此条约,例如一八七七年俄土战争关系巴黎条约,则战争所及于条约之法律的效果,颇难断定;此当依其他缔约当事国之意思决定之。

亦有国家在开战之初,即时单独宣言他与敌国间既存的一切条约,协定,概行作废者,例如在一八九八年西美战争时之西班牙,及一九一七年对德宣战之中国政府,皆取此手段。至于此手段之法律的价值,颇为疑问。

三、在交战国内敌国人民

战争之发生，影响于交战国境内所有敌国人民之地位。依往昔的习惯，交战国有权利拘留此等敌国人民，作为俘虏。但从十八世纪以来，国家与国家间惯在平时以条约明白规定，在战争时许彼此的人民于一定的期限内平安离出他方国境；因之，“非拘留”（non detention）之惯例渐成为国际规则，不过对于此规则，附有两个重要的保留：第一，敌国人民之本属于敌国军队或适于服役者，交战国可以拘留；第二，交战国对于居留之敌国人民认为于国家有危险者，可以取必要的监视及防禁手段。

但在千九百十四年之欧战中，关于此层，表示一个大反动。许多交战国采一般拘留之政策。敌国人民几于到处被拘禁于特殊的集合所（concentration camps），无分乎男女老幼皆受此待遇。

交战国是否有放逐敌国人民出境之权？放逐敌国人民今仍是许行的事，但非有重大的理由，不容行使。实则总放逐之事从未行过。放逐大都限于一定的区域；例如一八七〇年普法战争中，法国放逐巴黎及塞鲁（Seine）县治内之德人，而在日俄战争中，俄国放逐在满洲及西伯利亚之日本人。

四、在交战国内的敌国人民之财产

敌人财产，在前代以没收为通例。交战国可以没收在其领内之一切敌人财产，无论是动产，不动产，债款。但从十八世纪以来，有一个国际习惯成长，即：交战国不没收敌国私人财产或取消敌人债权。千七百九十三年法国之没收敌方私人财产，是为没收权行使之最后的一个例。在十九世纪中，未见有没收之事。所以现今可以说，交战国在开战时没收敌国人民财产之例已经废弃。国债之不许差押没收，已依一七五三年叙列色借款案（Silesian loan case)之争议而判定。至于私债,即交战国人民所负敌国人民之债务,在法律上亦不许没收,虽则此等债务在战争中可以停止偿付。

私人财产不没收之原则,在欧战之初期,交战国似皆采行。但在战争进行中,为减除敌方之财政上商业上势力,许多交战国对于敌国人民之私产及其业务,使用战争非常的手段,其名虽不是没收,其实所加于物主之损害极大。

五、交战国港口的敌国商船

在前代,交战国得于战争发生时扣留在其港内一切敌国商船,以备没收。但在一八五四年克里米亚战争时,英法俄对于此等商船给以六星期之期限,俾其安然开离出港。从此以后,有一个国际惯例成长,交战国不得以没收之目的扣留港内的敌国商船,而当给以相当的期限许其退出。迄于一九一四年,此惯例继续遵行。

千九百〇七年第二次海牙会议,论及此问题,其结果有海牙条约第六编规定此事。依该约第一条,敌国商船在开战初泊在交战国港口,或开战前出发而不知战争发生驶入交战国港内者,"宜"许其自由出港。但该约使用"宜"(It is desirable)之一字,则似交战国尚不负绝对的任令敌船自由出港之义务。不过无论如何,依海牙条约,交战国不复能行使旧有的没收之权利。

在千九百十四年之欧战,关于此层,表示退步的征兆。在开战初,英德两国相互扣留在其港内之敌船。

六、交战国人民与敌国人民之通商关系

关于交战国通商关系问题,原有两派主张。在一方面,前代的学者及现代英美学说主张,通商关系除非有特殊许可,当然依开战而成为不法的。此说亦为有些大陆学者所主张,而有许多国际实例与之相合。英美两国(法国亦然)的国内法,宣言对于敌国人民之一切交易，因开战当然禁止，但政府得依特殊许可，准行全部或一部分交易。而在他方面，大陆学者一般的掊击前说，视为废弃；而主张，凡非与军事目的不相容之交易，可以照常行使，除非是特别经交战国政府禁止。国际实例有采行此说之倾向。在大陆国家，如德奥意诸国国内法，许其政府有依特殊命令，禁止对于敌国人民之交易。在此等国家，开战后，除非有特殊禁令，对敌通商照常进行。鉴于学说及国际实例之纷歧，可知关于此问题并无确定的国际法规则可援据；交战国人民之通商关系，仍依国内法规律之。

在英美原则之下，有几个重要的结果值得注意。英美的法庭主张，除战争中特有的交易例如赎票（ransom bills）外，战争中所订之一切契约是不法的，因之无效。战前所订之契约停止执行；而有些契约且当作废，如合资契约及与战争行动不相容之契约。在原则上，敌国人民不能在法庭出诉；他们无所谓 persona standi in judicis。但此只是英美国内法原则而不能认为国际法规则。

在近时，有些战争，并无禁止对于敌方人民通商之事，或虽则禁止而亦多变通之处；例如克里米亚战争，日俄战争。但在一九一四年之欧战，则“非交通”（non intercourse）之规则，在各方交战国几皆严厉的执行。

第十八章　战争法

第一节　战争法之概念

战争法是说国际法关于战争之规则。战争法可分为交战法规(law of bell erency)与中立法规(law of neutrality)之两类。但狭义的战争法,即指交战法规而言。

交战法规是规律战争行为及交战国间的关系之规则。

在古代中世纪,甚至即至十七世纪,正宗的战争学说是,战争在致敌国于全灭(即令实际行为未至如此的极端),但此说随后屏弃。

依近世的战争学说,战争之目的不在全灭敌国,而在使敌国完全降伏。此是战争最后的目的。至于其近一层的目的,或其手段,是在破坏敌方的抵抗力,战斗力。此目的须迅速达到,但因此而起的生命财产之损失务须减少。军事的必要是交战国权利存在之理由。交战国可以为一切于打破敌人抵抗力必要之行为。但他不能为那些不必要之行为,如残杀伤兵及非战斗员等。有一部限制使用武力之习俗渐次成长。此等习俗,依惯例及条约成为国际法规。

第二节　陆战法规

此部分国际法已经具有法典之形式。在最近五十年中，有许多关于陆战规则之国际条约缔结：一八六四年日内瓦条约，一八六八年圣彼得堡宣言，一八九九年及一九〇七年之海牙条约。此等条约合成一部关于陆战之国际法规。其中最重要者当然是一九〇七年之海牙条约第四编，即关于"陆战规例"（Laws and Customs of War on Land）之条约；此实为一八九九年海牙条约第二编之修正扩充者。①

一九〇七年海牙条约第四编之特点，可举出如下：

（一）条约本身并未包含何规则。陆战规则载于一个附章，名为，"关于陆战规例之规则"。（Regulations respcting the Laws and Customs of War on Land，以下简称海牙规则）

（二）本约第一条很重要。此条规定，缔约各国当依据本约所附之"陆战规则"，下训令于其军队，则是说海牙规则之原条文不是当然的有拘束力。缔约各国不必即将规则原文发布，而只须根据该规则以发训令。如此则各国对于该规则尚有斟酌之自由，而在条文中可施其抉择，且或变通之。海牙规则之大部分诚是根据于惯习法，然而海牙条约之规定如此，究令人有避脱之可能。

① 关于海牙条约及伦敦宣言（一九〇九年）之全部条文及其注释，参看：Higgins，The Hague Peace Conferencas，1909，而关于欧战中交战国行动引起的国际法问题，参看 Garner，International Law and the World War，2 vois（1920）.

（三）本约第三条值得注意。此条声明，交战国如违反本约所附之规则者当负损害赔偿之义务；他对于其军队人员之一切行为负责任。此条实在立出一种新国际制裁，即金钱的赔偿。

（四）条约上明白宣言，凡本约规则所未涉及之事，则受宰制于由文明国家间的惯习人道法则，及公众良心的要求而发生的国际法原则。可知海牙条约，并不自认供给了一部完全的陆战法典。而交战国也不是除受本约规则限制外即可以为所欲为的。

兹将关于陆战法规之各部，分述如后。

一、合法的战斗员

依古代及中世纪学说，交战国一切人民皆可参加战斗，而皆可被攻击。普通人民诚然当受宽赦，然而如有交战国故意杀死他们，并不算是违法。

近世战争法立有战斗员与非战斗员两类之区别；此项区别之存在常认为人道主义之胜利。常备军之系统的组织及纪律之成长，使此项区别成为实际可能的。各类人员，有其特殊的权利义务。非战斗员应当不参加战斗。他如参加战斗，一旦被擒，可以处死。但非战斗员不得因其从事于军火制造之工作而丧失其非战斗员之特权。非战斗员之特权，是：只要他不参加战斗，则他不受故意的杀害，除非他犯有禁止的行为。

合法的战斗员，是那些有资格从事战斗，如果被擒，其生命当赦免之人。合法战斗员以两项分子构成：

（一）常规的军队　此即形成永久的组织，备有外面可识别的标记，而立于政府直接管领下者。常规军队不一定有相当制服，例如在南非战争中之波亚人。

（二）普通人民之合于一定的条件者　普通人民变成战斗员之

问题，实为陆战法上论争最烈之一个问题。在一八七〇年普法战争中，因为普鲁士苛待法国人民临时集合的所谓 France Tireurs 之民兵，发生“非常规军队”待遇及地位之问题。海牙会议讨论此问题，而制定有关于普通人民取得合法的战斗员资格之条件。

依海牙规则第一条，战争法规及权利，义务，不独适用于军队，即民兵义勇队之与下列条件相合者亦适用之：

一、有负责任之首领为之统率；

二、有确定的标章可从远方辨别；

三、公然携带武器；

四、其动作遵守战斗规例。

依该规则第二条，未被占领的地方之人民，值敌人逼近，自起而执武器以抵抗侵入的军队，而不暇遵照第一条之规定以组织者，只要（一）公然携带武器，（二）遵照战斗规例，亦应承认为战斗员。

二、俘虏

欧洲古代习惯，战胜者对于战败者认为有绝对的权利，因之俘虏得由敌人任意处分，或被虐杀，或降为奴隶。中世纪末期以后，俘虏待遇渐改。至于十八世纪观念大变，战争认为国家与国家之关系，俘虏待遇之惯习渐趋于人道时。关于俘虏之性质，渐有一般的觉悟成长，即：拘留俘虏，不过为防止俘虏复回本队再行参加战斗之手段，在原则上当与罪犯之囚禁区别。在十九世纪中，宽待俘虏之原则一般承认。千九百七年之海牙条约，关于俘虏，特立为严密之规条。

海牙规则所立之主要的规条如下：

俘虏属于敌国政府之权力内，而不属于捕获该俘虏之军队或个人之权力内。俘虏必须受人道的待遇；他们所带的物件，除武器，马匹，及军用文件外，皆仍属他们所有。

俘虏可以留置于城镇堡寨，营盘或其他处所，而不得走出一定的范围；但真正的监禁则惟于谋安全之绝对的必要时许行之。敌国当维持他们的生活，给以与本国军队同样的衣食。敌国可以使用他们的劳力，惟军官除外。但他们的工作不得过度，或涉及战事的动作。他们究竟是否可令在远方城塞从事工作，是一问题。敌国应当给以相当的工资，军官之被俘者当与敌国同级军官受领同样的俸给，但此项支出后来当由其本国政府偿还。

俘虏有奉行其宗教仪式之自由。俘虏如有不服从纪律之行为，当受处罚。逃走的俘虏未能回到本军而被追回者，应受惩戒处分。俘虏逃走，得重入本军，而后又被俘获者，不因前次之逃走受何种处罚。

俘虏不得强其报告关于本国军队之情状，但他们须报明他们的真姓名及等级。

俘虏可依宣誓释放，只要他们本国法律许为此事，他们必须严守誓约。俘虏之本国不得委任以与其誓约不相容之职役。俘虏无承受宣誓释放之义务；交战国遇有俘虏请求宣誓释放者，亦无必须允许之义务。依旧来的习惯，俘虏如违背誓约，可处死刑。但海牙规则只说，他们丧失他们被待遇为俘虏之权利，而可依军法会审处治。和约结成以后，务速将俘虏送还其本国。

海牙规则此外尚规定设立俘虏情报局（Bureau of Information），且设有关于俘虏救恤团体（Relief Societies for Prisoners）之规则，以谋此等团体活动之便利。

上项海牙规则，在欧战期中，似未为交战国所诚实遵行。参加此世界大战争之国家，互相攻击，皆说他方违反海牙规则，虐待俘虏。

三、害敌手段

交战国为达战争之目的,可对于敌人使用各种暴力;但不是一切的暴力都可自由使用的。海牙规则第二十二条正式声明,交战国采用害敌手段之权利不是无限制的。有些手段明明为条约所禁;有的为惯例所屏斥。关于此层,海牙规则全部重在列举禁条。

兹将关于害敌手段之规则,分类说明如下:

(甲)杀死与伤害　凡战斗员皆可杀死或伤害,不论是兵士或军官,或即令是君主或其家族中人。但交战国之权利,于此有若干制限,分述如下:

(一)战斗员之可杀死或伤害,惟在其能战或愿战或拒捕之时。如是则凡已因伤病失却战斗能力之战斗员,不得加以杀伤。又那些战斗员之放下武器投降,或不抵拒俘获者,不得杀之或伤之,而当纳降而宽赦之。但此项规则,有时不能实行,亦殊明白,例如在猛攻之时。

(二)海牙规则第二十三条宣言,用毒或用施毒的武器是禁止的。野蛮人惯用施毒的武器,但文明人类屏斥此种手段。一般的惯例,禁止放毒于敌人之饮料或食物,(尤其是如下毒药于敌人取水之井,泉,河等。)又播散传染的病疫,亦是禁止的。

(三)使用重量四百格兰以下,而具爆裂性或含燃烧料之炮弹,及其他武器弹丸等之发生不必要之苦痛者,皆在禁止之列。一八六八年之圣彼得堡宣言说,凡所使用之兵器,致已经丧失能力之人受不必要之痛苦,或致其必死者,认为超过战争之正当目的,而违反人道。但地雷,炸弹,不在禁止之列。至于在人体内容易伸涨的子弹,则为一八九九年海牙宣言所禁止。

（四）海牙第二宣言，禁止使用专以放泄窒息气或毒气为目的之炮弹。在欧战中，德国首先采用对敌方放射毒瓦斯之手段，至少直接违反海牙宣言之精神。后来协商国方面亦使用同样的手段。①

（五）海牙规则第二十三条，禁止以欺诈之法，杀伤隶属敌国或敌军之人。因之，交战国不得使用暗杀党；不得暗杀敌方战斗员；不得悬赏购取敌方个人之首级。诈降，或假装伤病，而乘敌之不备以加杀伤于敌人，亦是禁止的。

（乙）城镇之炮击　炮击为旧有之普通害敌方法。此手段之用于战场，无特殊讨论之必要，因其使用是一般许可的。此处唯一的问题，是在何种情势之下，依何条件，炮击之手段许行于战场之外。此层则为海牙规则所规定。

关于炮击之主要的规则，从海牙规则推出者，大致如下：

第一，交战国只许炮击有防御的城镇。依海牙规则第二十五条，无论用何方法攻打或炮击无防御之城镇，村落，住宅或建筑物等，是禁止的。此项禁条，在国际法上为一进步，因为以前有些学者及军事专门家说，为有些理由或目的，无防御之地域，有特殊情势之下，亦可炮击。然而欧战之事实究竟至何程度合于此新标准，仍是疑问。在欧战中，交战国攻诋敌方炮击无防御的城镇之事，时有所闻；尤其是德国军队行动最招訾议，说是他的军队任意炮击无防御的城镇。

一般的说来，无防御的城镇是免其炮击的，但无防御的城镇不得与无堡垒的城镇混同。开放的城镇如果说有防御，其得受炮击，正与筑有堡垒的城镇同。至于在何种情势之下，一个地方可视为

① Oppenheim，International Law Vol Ⅱ，p. 237 note.

设有防御，则为事实问题，而常不免争论。一般的说来，只要有军队驻在，即为有防御之证据。

海牙规则明明加有“无论用何方法”（by any means whatever）之字句，则从空中飞艇所施之炮击，亦包含在内。在欧战中，各方交战国似皆未严守此层规定，而常有从空中炮击无防御的城镇之事。

第二，交战者可对于有防御的城镇之全部，不论是炮垒，房屋（除若干特定的建筑物外），施其炮击。但为对于住民发生心理的效果，促其降伏之目的，而专对私人房屋施炮击者，是为不法的行为。而在包围炮击之时，凡供宗教，科学，艺术，慈善用之建筑物，及病院，伤病者收容所等，在当时不供军用者，务须设法保全。但此等建筑物须用可从远方望见之特殊标记表明，而先通知敌军。但不许将病院散布于全镇，以致炮击全不可能。在欧战中，德国军队说是故意专门炮击此等建筑物，如有名的 Rheims 大教堂之破毁，最招攻击，但德国辩护此手段，说法国在此设有瞭望台。

第三，交战国军队除在突袭之场合外，应于实行攻击之前，务将炮击之事设法通知地方官吏。海牙规则并未课有绝对的通知之义务，但依一般的惯习，通知是必要的，虽则在通知与开火之中间未设有一定时间。

第四，交战国军队无许非战斗员离出炮击地域之义务。

（丙）破坏手段　凡与军事动作无关，而纯出于乱暴之破坏手段，向来一般认为不法的。而在他方面，凡构成军事动作一部分，且常出于军事的必要之破坏，是合法的。于是则对于在战线内之财产，尊重私产之规则可以漠视；而军司令官为攻守之目的可以扫荡房屋，树木与收获物。并且军队可以后退之时，焚毁村落，以免敌人用为掩护之所，或水淹地方，以阻敌军之前进。破坏铁路是全然合法的;破坏兵营,兵器服粮仓库及铁路工厂亦然。最后则交战国为剥夺其地之粮食供给以免为敌所用,可破毁仓库,及田地中收获物。此等行动一般的实行于美国南北战争及英国南非战役中。

(丁)奇计 战争不仅是斗力,而且是斗智,别于欺罔之奇计,是合法的。军事上的策略,如诈攻,诈退,假消息之散布,皆可行使。而在他方面,则凡有一定的约束存在,如双方军队所当诚实遵行者,则不许有欺罔之行为。例如有些旗帜,必须诚实无欺的使用,如军使旗,白旗及其他表示投降之记号,病院旗,日内瓦制服等。海牙规则禁止滥用(to make improper use of)敌人之国旗,军队徽章,制服等。究竟如何方为"滥用",则不明白。有些学者说,在实际战斗以前,军队可使用敌旗,徽章及制服,但不得在实在战斗中使用之。因为在实地战斗中,交战军队应当确知谁为敌人谁为友人。就全体说,即令在战斗实行以前,军队亦不得以故意欺罔之意思,使用敌人的旗章制服等。但在他方面,军队亦或有不得已而使用此等旗章制服之时,但须加有明白的改变,以便识别。

海牙规则第二十四条明明声明,凡使用奇计及为侦察敌情地势等必要之手段是合法的。然为采探敌方消息而行之计略,亦是合法的。于是使用间谍,是合法的行为。

何谓间谍?依海牙规则,凡以诡秘行动或为虚伪口实投入一方交战者之作战区域内采取或谋探取消息,以报告他方交战者,是为间谍。收用间谍及自充间谍,不算是不名誉之事。不过间谍虽是合法的人员,而他的职务是极险恶的;因此之故,敌人对他可以不纳降,可于军法会议之后处死。然间谍惟在现行侦探中,或在回到他的本军以前,始可受处罚。一旦他越了境,重回本国战线,他解除了危险的性质,而不再受处治。

依以上之定义，间谍之根本特质是诡秘，虚伪。如系一个兵士，则他必是改装的。兵士之非改装者，即令是在敌方战线内，不能视作间谍；他们只是斥候（scouts），享有通常战斗员之待遇。送信之兵士，如其公然行动，亦不认为间谍。在普法战争中，德国欲将轻气球上人员当作间谍，实则间谍之特征如秘密，改装，于此均不存在。海牙规则明白声明，凡以轻气球派往传送公文，及一般保持一军队或一地域各部分的交通之人员，亦不得视为间谍。

间谍被擒，当处何刑，未有定规；通常的惯习是处死，但亦有轻罚者。海牙规则但规定一个限制，即处刑之先，须经过军法会审。

四、伤病军人之待遇

伤病军人之状态在意奥战役（一八五九年），尤其是在狄南（Dunant）的著作 Ungouvenir de Solférino 出版后，大引起世人之注意。有一个非公式的会议于一八六三年开于瑞士文日内瓦（Geneva），此为红十字会产生之起源。次年（一八六四年），瑞士政府召集一个公式的会议，产出第一次日内瓦条约。四十二年之后，又有一九〇六年之第二次日内瓦条约，此盖所以修正并扩充第一次日内瓦条约者。

一九〇六年日内瓦条约之要点如下：

凡军队人员之伤者病者，无分国籍，应当为交战者所尊重照顾。凡不得已而抛置伤兵之交战者，应当留下其医事上人员及材料之一部分。落于他方交战者权力内之伤者当待作俘虏。一场战斗之后，军司令官当搜觅伤者而加保护。如有尸体，则应当经过完全检查之后再付掩埋。

移动的医救机关，如野战病院，及固定的机关如普通军用病院之类，应当受尊重保护；但如果此等设备用以为有害于敌方之事，如庇护战斗员,从事侦探、藏储军火等,则保护停止。专从事于看护伤兵之人员与教士应受保护。凡经承认的私人救护团体受同样的看待。移动的组织落于敌人手中,仍保存他们的材料,但陆军当局可使用此项材料以治伤者,固定机关之建筑物不得破毁。

为对瑞士国表示敬意,红十字会旗章乃系移动该国旗色,用白地加红十字纹章。此项特别旗帜,仅可挂于应受保护的各种机关之上,而该机关且当同时悬挂所属国之国旗。

在欧战中,日内瓦条约常被交战国违犯。

五、战时交涉

所谓战时交涉(commercia belli)是指交战国间之非敌性的(non-hostile)交涉而言。

虽则战争一旦发生,交战国间之平和关系终止,然而因为情势的必要,人道主义的要求,及其他理由,总有多少非敌性的关系行于交战国之间。而此等关系之须诚信履行,则为国际法公认之原则。

(一)军使

凡奉交战者一方之命令欲与他方有所接洽,扬白旗而来者,是为军使;军使及随从之旗手通译人等,均享有不可侵害之权(海牙规则第三二条)。交战国军队有时为种种目的,有接洽之必要。白旗自古认为开议之表征,而应受敌军之尊重。

军队司令官遇敌方有军使派来之时,不一定要接受他(海牙规则第三三条),可扬信号命其退回。但他此时仍不可侵害,须与以必要的时限,俾其平安退去。在此时限中,不得故意攻击他。亦不得捕作俘虏。但在战斗进行中之军队,不必因为军使之接近而停止军事动作,如果已举信号令其退去。

交战国军队如接受敌方军使，则须给以不可侵害之特权，但不必任其利用此机会窥探军情。海牙规则第三三条规定，司令官可取一切必要之手段防其采取军情。

军使如滥用其特权而有背信欺罔之行为，一经证实，即丧失其不可侵害之权。

（二）俘虏协约

广义的说来，所谓 cartels 是泛指交战国间为许可某种非敌性之关系而结之一切协定而言。但依现今狭义的用法，cartels 是特指关于俘虏之协约，即交战国间为俘虏之交换或待遇问题而缔结者，所以可称为“俘虏协约”。凡在此项协约内规定之事，应当诚实遵守。

（三）通行状及护卫

通行状（safe-conduct），是一种书面的许可状，由交战者给与敌国人或其他个人，许其为特定的目的，赴特定的地点，经过前者军队支配之地方，不加阻害；例如有人赴围城从事谈判，或渡海回国，经过一方交战军战线，即须领有通行状。在欧战中，一九一五年奥国驻美大使 Dumba 回国，而在一九一七年德国驻美大使 Bernsdorff 回国，因乘中立国船停泊英港，均从英国取得通行状。通行状可由交战国政府给予，亦可由海陆军司令官给予。

通行状亦可以货物为对象而给发，俾此等货物能安然运至特定的地方，但对于个人给予之通行状，除非别有明文指定，不能保护其所携带之物品。

护卫（safe guards）是交战国对于敌方人民或货物给予之特别保护，以免其受所属军队之侵害。此项保护有两个方式。通常是置一守卫。有时亦有依一纸命令晓谕军队令勿加侵犯者。守卫兵对于他方交战者享有不可侵犯权,他不得被攻击,亦不得捕为俘虏。

(四)投降规约(capitulations)

是关于军队或城塞,地方等降伏之协定。投降规约必是立有条件的,否则是单纯的降伏(simple surrender)。

投降规约全然是军事协定,此不许涉及于超过局部的军事性质以外之事件;如其协定涉及此种事件,则非得交战国之政府当局此准,不生效力。

缔结投降规约之权限,寄托于两方之军队司令官。凡属一军队或一城塞之司令官,皆有关于其属下之军队,地方,缔结投降规约之权;但如其协定涉及战争区域之他一部分之事宜,则须经总司令批准。

投降规约之缔结,如别无明文载明,则当然具有下之条件,即:投降的军队成为俘虏,而一切在他们手中之军用品及其他公共财产当如规约签定时之状态交出。军队若预虑到投降结果,而事先毁坏其粮食,军火兵器及其他军用品以免落于敌军之手,本无不可。又即令关于投降之谈判已经开始,军队司令亦无妨破毁此等物品。但一旦投降规约签字,此种破坏不复是合法的;如此的行为构成背信,而可由他方交战者看作战事犯罪(war crime)处罚之。

关于投降军队之待遇,固可在投降规约上,另立特殊条件,而两方当诚实遵守之。海牙规则第三五条关于投降规约,仅规定,缔约国协定之投降规约,应顾及军人荣誉;而一经协定,则双方务须严守之。

凡有违反投降规约之行为,如出自交战国政府命令,则构成国际不法行为,如无此命令,而出于长官个人行动,则构成"战事犯罪。”对于此项违约行为，可对待以报仇手段，或加犯人以战事犯罪之处罚。

（五）停战

广义的说，停战条约（armistices, truces）是泛指交战国军队为暂时停止战斗行为而立之一切协定而言。

虽则一切停战，自其停止敌对行为一层上说，皆是同样的，但关于其名称之适用，颇有不同的意见与习惯。一般的说，有三种不同的停战，可分别出来：（一）休战（suspensions of arms），（二）全部的停战（general armistices），（三）部分的停战（partial armistices）。

凡协定于一定的区域内，在短的时限中，为执行特定的事宜之目的而暂时中止战斗者，通称为休战（suspensions of arms）。休战之目的，或在搜集伤者，掩埋死者，或在开议广义的停战。休战无关于政治目的或一般战局，因为他们是专属暂时的局部的军事关系，海牙规则未特别说及休战，因为第三七条仅言局部的停战，似将休战包含在局部的停战之内。

部分的停战（partial armistices）是指那些敌对行为之停止，不涉及交战国全部军队或战争区域之全部，而又不似休战之专为暂时的，局部的军事的目的者。部分的停战由交战国为其军队及战线之大部分而立；他们常有政治的关系，可影响一般战局。海牙规则第三十七条，将部分的停战与休战纳入在局部的停战之名词下。

全部的停战（general armistices）是指交战国间敌对行为之停止，涉及全部军队及全部战争区域者。全部停战常是重要政治性质的协定，影响于战局全部。他们一般的是为政治目的而缔结，在一八七一年一月二十八日之德法停战条约第二条，明明声明，此约之目的是在使法政府召集国民议会，议决和战问题。而在他方面，在欧战中德奥方面之各交战国,各乞得全部停战,因为他们不能继续战事,而希望和议。

休战本为暂时的局部的军事的目的,凡属军队司令官皆有缔结此项协定之权能。凡军队总司令官,关于其所辖之军队及地方,可缔结部分的停战协定,而除非有特别规定,无经过批准之必要。至于全部停战条约,涉及全部战争区域,则有惟交战国政府或总司令可以缔结,而不论有无明文规定,批准是必要的。

一九〇五年在日俄战争结束,媾和之前,双方议和代表签定全部停战条约。在欧战中,保加利首先于一九一八年九月乞得全部停战。随后有土耳其(十月)奥匈帝国(十一月)与协商国之停战。在一九一八年十一月十一日,协商国联军总司令与德国代表签定全部停战条约。

海牙规则关于停战之规定,见于第三六至第四一条。在停战协定中,停战之开始及终结日期须明白规定;如协定上未规定有一定的时期,则任何一方可随时重行开战,但须先通知他方。停战须于适当之时期内通告各关系官署及军队;敌对行为,当于接到通知后或于指定时间即行停止。在协定中,应当明白规定在停战期中,何项行为可为,何项行为不许为,关于此问题易起争论。

在停战期中,双方在战线外关于攻守之一切准备可以为所欲为,自不成问题。但在战线内,究竟何项行为可以为,何项不可为,则无一致之意见,而在停战协约上未有明文特别举出之场合,即不免发生问题。学者多数的意见,是,如果约上未有明文规定,则凡若不是因为停战,敌方可以防制之一切行为,皆不许为;换句话说,即双方务须维特战线内之现状。而少数学者之意见则反是,而说,凡未经约上明白禁止之事,皆可为。他们认为,停止战斗与前进,是停战条约之唯一的默认的条件，其他事情，须由交战当事者明白协定。后项意见较为有力，而比较与近世国际惯例相合。[①]

如值一方有重大的违反停战条约之情事，他方得即时宣告废约，或在紧急之场合，即时开始战斗。个人如有违犯停战条约之事，受害者之他方交战者有要求处罚犯人或赔偿损害之权利。

（六）报仇

平时国际社会处理争议，有所谓报仇（reprisals）之强迫手段，上篇已述过。在战时，交战国之间亦有所谓报仇；此是交战国之一种对待手段，所以制止他方之违反战争规则或有不法行为，而于真正犯人不能觅得之时使用之者。

在战争中，报仇为最险恶之手段，因为（一）为报仇所取之手段自身常即是不法的行为；（二）他们是在许多场合对付敌方无辜的个人的；（三）他们常易于滥用；而经验所示，则报仇有时不仅不能制止不法行为，且转而惹起敌方之报仇手段。

然而报仇手段仍说是不能废弃。因为如无此项手段，不法的战斗行为，行将无忌惮的行使。此项对待手段的存在，可使一切交战国及他的军队人员，皆有所忌惮；他们知道如其违反战斗规则，即须预备受他方报仇手段之对得。报仇之必要，为各国一般的承认；而此项行为，现尚未为何项法规所禁止。

不幸而关于此层之规则甚稀少，而且不确定。

海牙规则未涉及报仇。海牙规则第五十条，禁止交战者为着不能视为连带负责之个人行为对于占领地地方人民加共同的处罚；此并不能防止为报仇而行之一切破坏手段。如欲达此目的，国

① Hershey, Essentials of International Public Law and Organization, p. 608.

际协约,应当以明文禁止为个人行为对于全体住民施报仇手段。

（七）军事的占领

（甲）关于占领之学说

依海牙规则,凡一地方若事实上归于敌军之权力下,则视为被占领。占领范围限于权力已经树立而能行使之地域。此项条文,表明“占领须是实在有效”的之原则。占领地方的敌人必须具有实力而能坚强的维持其权力。所谓纸上占领是无效的。交战国军队有时谋仅依张贴布告于地域内以行占领。此方法为海牙规则所不许。占领务必急速在各主要地点布告。在欧战时,波兰,比利时及法国一部分为德军所占领。

占领之观念,可说是在战争法中进步最大的一项。关于占领者之权力,从来有数种不同的学说。

最初的一学说而通行于十七世纪中者,为所谓 res nullius（无主地）说;此说谓一旦原主国的军队驱出,此地方即成为侵入者之所有,因为原主国军队一旦撤去,其地方即成为 res nullius（无主地）。依此学说,占领之一事实,于其地方之国民的性质登时发生大变化,而占领者对于住民可以任意行使权力。而实例与学说适合。以前国家在将占领地当作国家所有,而任意处分之。侵入者惯于战争未结局以前,即将地方让给第三者,而且强迫住民脱离本国臣服关系,或且加入敌军。至于十八世纪中叶,此学说渐见屏弃。洼迭尔（Vattl）说明占领与完全征服有别,原主国在战争结束以前不能认为丧失此土地主权。

随后发生另一学说,即“暂时主权说”（doctrine of temporary sovereignty）;依此学说,占领地之国籍视为未变更,但占领者视为取得一种“准主权”（quasi-sovereignty）,而住民对他负有暂时服从之义务。但此学说亦随即废弃。

一个比较简单的学说为晚近学者一般所赞同者，是，占领不过是战事之一种局面，而军事上的必要，构成占领者的权利之根据及其限度。他可于占领地域内为有些行为，并不是因为他是此地方之所有主，或是暂时的主权者，而是因为他所处的情势；换句话说，即因为他的军队安全及战事之成功，有为此等行为之必要。[①]

（乙）占领者之权利

依惯例及海牙规则，占领者的权利可分述如下：

关于敌人财产之权利

私人财产　海牙规则声明私人财产须尊重；私人财产不得没收；掠夺是禁止的。

虽则近世国际法尊重私产，禁止掠夺，然而占领者仍得于种种处所侵害私人财产。

第一，占领者如为军略之目的有必要时，可以炮击私人财产。不过此项手段与其说是占领成立后之行为，毋宁说是为达占领目的而行之事。但为报仇而行之破毁手段，在占领中亦许行之。在欧战中，德国在比利时大施破坏手段，有时为报仇，而大半出于恐吓之目的。

第二，交战国可以押收私人所有的一切军用材料，如铁路材料，通信用具等；但于平和克复后须附赔偿退回原主。

第三，占领者可征发现金（contributions），此即是超出通常课税额以外之纳款，但此须限于为军队及地方行政上之必要。极端的征发，等于掠夺。

---

① Hall, International Law, pp. 553—559.

有时现金之征取纯为报仇之手段，比方地方发现有对于军队加损害之事而不能求得实在的犯人，则从地方征取巨款以示惩戒。但海牙规则宣言，对于地方住民不得因其不能视为连带负责之个人行为而科以金钱或其他项之共同处罚，在连带责任可以看出之场合，则此规则无害于共同处罚之行使。但为他一地方之行为而课此地方以金钱的处罚，则非所许。

征发现金须由总司令负责任，以书面命令行之。征发现金务宜依照现行租税征课规则行之。每次征发现金，须给收据。

第四，交战国可征发物品(rcquisitions)，如粮食，被服，马匹之类。依海牙规则，征发须专为应军队之需要而行，不得出于奢侈的目的，而且须与地方之资力相当，物品供给当就地付现款，否则亦当给一收据，而其欠款务须迅速偿付。征发物品，亦须以司令官之命令行之。

公家财产

(一)不动产　占领者对于敌国所有不动产，如公共建筑物，土地，森林，及农作地，仅有用益权(usufruct)。他不能让渡之，或毁坏之，而只许利用之，他当保护此等财产之本源，而依用益权原则管理之。他固可于此驻扎军队，可以出租土地，采伐树木。但有些公用建筑物即令属国有，亦当准私人财产看待，如教堂，学校，病院，美术馆等；地方自治团体之财产亦然。海牙规则声明，对于此等建筑物及历史的纪念碑，艺术及科学的作品之押收，破坏或故意毁损，概行禁止，而犯者须受处罚。

(二)动产　占领者可押收运输用具，军火，粮秣及其他一切可供军用之国有财产；惟占领地与中立国地方相连接之海底电线，则非在绝对必要时，不得押收或破毁。占领者亦可押收敌国所有之现款,基金及有价证券。他可以征收占领地内原为国家而课之税项,但须依现行租税征课规则行之,他须为占领地支出原定的行政经费。[①] 占领者不得押收普通国家文件,司法记录,历史记录,及博物馆,图书馆之藏品。拿破仑曾从意大利搬出大宗的美术作品回巴黎。但千八百十五年列强迫法国退还之。

(丙)对于敌国人民之权利

占领者可以征发需要之劳役,但此权利有一实质的制限。海牙规则禁止占领者强迫占领地住民参加敌对其本国之军事动作,或强迫住民供给关于他方交战者军队或其防御设备之情报。究竟占领者军队对于何种劳役始可以征发,不甚明白。无论如何,他似可以征发车夫,匠人及普通工人之劳役,如修补道路桥梁,间接有助于军事目的者。然在他方面,则占领者不得征发向导之劳役。占领者可从住民要求中立之誓约,但不得强索臣服之宣誓。他可以取人为质,以保障住民之善行,但不得将他们故意处死,虽则他们不免受危险。

最后海牙规则,以明文规定,家族的名誉与权利,个人的生命与私产,及宗教信仰,礼拜自由,必须尊重。在欧战中,德国军队之行为,大受攻击。协商国说德国公然漠视此规则。

(丁)关于行政之权利

因为占领者实际掌握权力,因为固有的政府不能执行权力,占领者乃对于占领地及其住民取得暂时治理之权利。而他在行使此权利中所取之一切手段,在占领终了之后,应当为合法政府所

① 海牙规则明指“为国家利课”(imposed for the benefit of the state)之税项,意在除外地方税;后者不得由占领者征用。

承认。

占领者有管理占领地域,维持治安,以谋他的军队安全之权利,被占领之土地人民当然隶属于军法下,他们当服从占领军司令官之命令。

在海牙规则之下,占领者治理之性质,与其看作权利,毋宁是看作一种义务;该规则规定,固有的政府的权力,事实上既移于占领者之手,后者当取一切手段以恢复并保持公共秩序及安宁,而除在万不得已之场合外,务须尊重本地现行法规。通常的惯例,是务少干涉既存的制度,而惟在必要之时始停止之,或更改之。

占领者当然可以发布告谕,禁止一切危害军队之行为,如破坏桥梁,电线,及故意导领军队于迷途等。占领者可以撤除一切文官而代以军事法庭及军政府。但通常的惯例,是在保留文官,除非他们自己逃亡或拒绝服务。如果他们愿继续服务,他们常置于军队权力之下。占领者可令他们为服从之宣誓,但不得强其为臣服之宣誓,并不得强其以侵入者(敌国)之名义执行职务。

第三节 海战法规

海战法规与陆战法规之须分别,有两个主要理由:第一,海战与陆战之情势及其状态大不同,因之其手段及惯习亦各异;第二,关于战争之造法条约罕有同时兼及海战陆战规则者,而一般的皆各自分别规定。有些条约专说海战,而海牙规则第四编则专言陆战。

现今并无一部系统的海战法典。一八五六年之巴黎宣言其关系中立较之关系战斗为重要。一九〇七年之海牙条约曾涉及海战之若干部分，即：（一）海牙条约第六编，关于开战时敌船之地位；（二）第七编关于商船之变成军舰；（三）第八编关于因触自发的水雷之设置；（四）第九编关于海军之炮击；（五）第十一编关于海战捕获权利行使之制限。然他们皆是部分的规定，而且甚不满足。一九〇七年海牙会议对于下次开会制定海战法典之希望，亦未有实现之机会。一九〇九年之伦敦宣言，表面上似为海战而立，而主要的部分仍是关涉中立。所以现今关于海战，许多部分仍不能不受惯习的规则之支配。

一　海战之合法的交战分子

海战之合法的交战分子有两项：

（一）常规的海军　一般的说来，常规的海军系武装的船舰，经国家正式委任服役而备有军旗者。

私人船舶有为战争行为之权利乎？在前代一般承认“私掠船”（privateers）之制度，私人船舶于此可成为交战分子之一部分。所谓私掠船，是为私人所有并驾驶之船舶，经交战国政府委任在海上从事于战争行为。尤其捕拿敌国商船者。私掠船之费用与危险均由私人担负，而其利益亦归私人；私掠船之捕获物属于船主。从私船捕掠（privateering）制度初成长之十五世纪以至十八世纪，交战国惯以“私掠委任状”（letters of marque）发给于私船，不论其船主为本国人民，抑属中立国人民。在十八世纪中，仅向本国船舶发给委任状，成为惯例。但私船捕掠之制为一八五六年之巴黎宣言所废止。虽则有二三国未正式加入此约，然而上项宣言之规则，可说已成为一般的国际法规。在一八五六年以后的一切战争，从未见有给发“私掠委任状”者。

普通商船可备武装以为防御之用，但不得用以攻击敌国或中立国船舶。商船之防御权向为德国学者所否认，他们于此似未知区别中立船舶与交战国船舶之地位。当交战国军舰临检一中立船之时，其时并无何敌对行为，此不过是查问，所以中立船不得抵抗。但值一交战国军舰谋停止一敌船，于此即有敌对行为，此是捕获之第一步，而敌船有为自卫而抵抗之权利。加之敌国商船之船员可以拘为俘虏，因之他们有防护他们的自由之权利。英国学者拥护商船武装防御之权利。

（二）改装的商船　商船之正式的改装为军舰而作军舰使用者，是为合法的战具。改装之条件规定于海牙条约第七编。但在此以前，久已有惯习决定了一个原则，即商船之在海军军官统带之下，树有海军旗，受政府之命令以行动，而由国家之经费维持者，不看作巴黎宣言所指之私掠船。在近年，主要的海军国家大都与商船公司结有契约，国家给公司以补助金，而公司之有些邮船置于海军军官之统带下，如此的舣装，以便立时改成军舰而听海军部之调用。此等船舶可以编入海军，作为义勇舰队。俄国从一八七七年起设置有义勇舰队。法国在战前与有些邮船公司订有契约，约定他们的邮船须依政府裁可之方案以建造，由法国海军军官指挥，而值战时则编入法国海军。英国从一八八七年以来与几个大商船公司订有契约。以备在战时征用其船，而美国在一八九二年亦与美国船公司结有类似的契约。

在一九〇四年日俄战争中，俄船 Petersburg 及 Smolensk 之行动引起商船改装之问题。在同年七月初，上记属于俄国义勇舰队之两船，挂商船旗通过鞑靼雷斯海峡及苏彝士运河。乃一到红海，他们登时改成巡洋舰，而侵害中立商船。中立国，尤其是英国，深愤俄船之如此行动，提出严重抗议；于是捕获之英船随即释放。俄政府允诺，以后此两船不再作巡洋舰行动，并释放所捕之一切中立船舶。此事件幸得平和解决。但因有些事件，各国深感觉，一个船舶不可同时具有两重资格，享受两重特权。因此，一九〇七年之海牙会议，乃讨论商船改装问题，而制定有数条规则。

海牙规则　依海牙条约第七编之规定，改装的商船欲享有军舰之权利，须具备下列条件：

一、此须立于国家之直接权力管辖下，由国家负责任；

二、此必须附有该国军舰之外部的特殊标志；

三、舰长必须为国家服役之人员并受正式委任，而其名列于海军人员名簿者；

四、船员必须受军队纪律之支配；

五、此船必须遵守战争规例；

六、改装之事务须从速记入军舰表中。

海牙条约关于此层之规定不满足。有一个重要的问题未在约中规定，即：商船之改装为军舰，是否可在公海上行之？在海牙会议中，各国代表意见纷歧。英美日反对在公海上改装，而德俄法赞成在公海改装。在一九〇九年之伦敦会议，亦有同样的意见冲突。此问题卒未有确定的解决，而依现在的情事，则似不妨在公海改装，而亦且不妨于改装之后重行改装。实则海牙条约第七编前文明说，改装之地点问题。仍为未决之问题。

在欧战中，改装的商船大见使用。

二 水雷之使用

公海可用为交战国海军之战斗场，但不必即可以满布危险的水雷。水雷是近世的方案。此仅可溯源于美国南北战争，国际社会并无一个长久的惯习，裁可公海布设水雷者，如其诉诸理性，则其为最不适当的方法，甚为明白。日俄战争中因领海外面布设之水雷而伤害及中立船舶之事有数件，引起世界对于此项武器的危险的注意。第二次海牙会议乃议及此事，而制定数条规则。

海牙条约第八编关于因触自发的潜水雷使用之规定，说是激发于公海自由之主义。该条约不禁止在公海布设水雷，而给此方法以附条件的承认。海牙主要的规则如下。

“非系留的”因触自发之水雷，必其如此的构造，在布设人失其操纵后，至多一小时内即成无害者，方许布设。

“系留的”因触自发之水雷，必其与系缆脱离而即成无害者，方许布设。

徒为阻害商业航海之目的，在敌国沿岸及港口外布设因触自发之水雷，则是禁止的。

交战国务将系留的因触自发之水雷如此装置，俾其经过一定的期限即成无害的；而在此等水雷不复被监视之场合，务于军事的需要所许之限度，速将危险区域通告航海者，并依外交手续通知各国政府。

在战争告终，双方交战国须各移去其所布设之水雷。

凡未备有海牙条约上规定之完善的水雷之国家，务从速改良其水雷，以期合于该条约要求。

上项规定殊不满足。海牙条约对于水雷未加有何项地理的制限。无论何处他们可以布设。英国代表诚哉附保留签字,说,不得因为海牙会议未加禁止,而即假定在公海布设水雷为合法的。然而海牙会议究依默示而付以合法的性质,其唯一的制限是在水雷之种类。而即此项制限亦无大效用,在欧战中,德国反乎海牙规则,在公海遍布水雷。关于危险区域通告之规则亦无用,因为此亦可以避脱的。

三 海岸之炮击

有防御的沿海城镇可被海军炮击,向无疑义。但关于无防御的沿海城镇是否可以炮击,在一九〇七年海牙会议以前,尚是未十分决定之问题。有些学者断言,依惯习的规定,炮击无防御的城镇,是不合法的。然而在十九世纪中,海军军人采用袭击开放的城镇以索赎金(ransom)之政策,而此政策为有些国海军部所赞成,尤其是俄法的海军部,虽则此政策究未见诸实行。在一八八八年之英国海军演习,追击敌人之舰队,极端的袭击城镇,不是因为英国认此为合法的,而是因为欲表示海战上可能的极端手段。从那时以后,此问题为学者所郑重研究,在一八九六年国际法学会为此立出有数□规则。第一次海牙会议未能议决此问题,而在一九〇七年之海牙会议重行讨议,其结果有海牙条约第九编,采定一折衷案,以调和人道之要求与军事之必要。海牙规则如下:

一、海军不得炮击无防御的港口城镇等。一个地方不徒因为在前面安置有水雷而失其为无防御的地方。(但后之一项不为英法德日诸国所承认,他们视如此的地方为有防御的)

海牙规则第一条之目的，在表示徒然为逞凶而攻击地方，是禁止的。在一九一四年德国军舰袭击英国之 Scarborough 及 Whitby，两者似皆属无防御的地方。德国此项袭击至少违反海牙条约第九编规则之精神，因为此举毫无军事的目的，徒以威吓住民。

二、为破坏军事工程，海陆军建物，军器军用材料的仓库，及可供舰队及军队的需要用之工厂或设备等或港内军舰，而对无防御的城镇施炮击，是可行的。但须先唤令地方当局自行破坏此等设备物具，惟在其不于指定之时限内奉行之时，始可实行发炮破坏之。司令官于此关于因炮击而加之损害不任其咎。

如值有军事的必要，要求即时动作，则司令官可随即施行炮击，但务使被击之城镇受最少的损害。

三、无防御的城镇之炮击，如其因为地方当局不肯应舰队直接需要之物品征发而行使，亦是许可的。此项征发必须付价，而须与地方资源相当，且当以司令官之命令行之。

四、为不应现金征发而炮击无防御的城镇是禁止的。此条规则，明明是在屏斥各国海军军人主张的为取赎金袭击城镇之政策。

五、在炮击时所有属于宗教，科学，艺术，慈善事业之建筑物，古迹，医院等，只要他们不供军用，务须保全。

六、在实行炮击之先，须预向地方当局给以警告，除非是此为军事的必要所不许。

四　敌船敌货之拿捕

海战之主要的手段为捕拿敌船敌货而没收之。对于敌方一切公船可以在公海及交战国领海上攻击之，但不得在中立国领海内攻击之。公船如被捕获，即时属于捕获的交战国所有。他可以送回港内，或即时破沉，船上的人员成为俘虏，而船上的货物如属敌人之财产，当然亦移归捕获者之所有，而可即时破坏。至于敌方私人船舶，则除中立领海外，亦到处可以拿捕，敌船拿捕之先声，为停船之炮。如其停船投降，船及船上之敌货即成为捕获者之捕获物，原来船员可拘为俘虏。但依海牙规则，他们如约诺不再参加战争，即当释放。敌船如抵抗或逃走，可对之施攻击，而将其船击沉，于拿捕者不负责任。在捕获之后，捕获者对于敌船有三个手段可用。普通的方法，是将捕获之船送回本国港内，以便由捕获审检法庭审检，此为最正当的办法。因为中立财产常与敌人财产杂在一处，不可不审清。捕获审检法庭之审检，对于捕获之合法与否，为最后的决定。

第二个方法，是在未交法庭审检判决之前，即时卖出其所捕获之船，如可即时觅得买主。如值捕获之船因遇天候险恶送到本国有困难时，可用此方法。又有时亦可依赎金（Ransom）之取得，将敌船释放。

第三个方法，是在击沉捕获之船。如其为此，在船上之一切人员及文件，均应保全。在一八一二年之英美战争，一八六一年以后之南北美战争中，惯行打沉敌方捕获物之事。但现今已有确定的规则，限定此手段之行使，必在战事紧急，天候险恶，或捕获者不能分人管领敌船等万不得已之场合。在打沉合法之场合，似乎中立货主关于其与敌船同被打沉之货物，不能要求赔偿。

有些公私敌船享有免除拿捕之特典。依海牙条约第十一编第四条，凡从事于宗教的学术的慈善事宜的船舶，不受拿捕。而依海牙条约第十编，医院船亦免除捕拿。俘虏运送船（cartel ship），即为从交战国一方运送交换的俘虏回本国者，依惯例亦受双方的保护，而不被拿捕。灯台船照例亦不在拿捕之列。又依海牙条约第十一编第三条，凡全然从事于沿岸捕鱼业之船，及从事地方小航运之小舟亦免除拿捕。但在欧战中，此项特典无用，因为德国击沉英国渔船，而一切交战国皆捕拿并留置在兵役年龄之水夫。

至于邮便船，则未有国际法上公认的规则，免其被拿捕者。而在欧战中，则亦未见有不拿捕之例。但邮包(mail-bags)则依海牙条约第十一编第一条，享受特别待遇，此条规定，中立国或交战国之邮政信件，无分公私性质，无论在中立船或敌船上，是不可侵犯的；而如果此船被捕获，则信件当由捕获者务从速转送到目的地。于此惟有一个例外，即在破坏封锁之场合，送往封锁港或从其港送出之信件，则不享有此特典。

海牙条约之所保护者，明明限于邮政信件(postal correspondence)，于是小包邮便所送之包裹，当然不能在海牙规定之下享受免除拿捕之特典。而且邮政信件之不可侵犯，并不因此即使中立国邮船免受一船中立商船在海战法上所受之待遇；不过交战国军舰之临检搜索，务须宽大迅速，且限于必要之场合行之。

在欧战中，英国惯行检阅在中立船上之德国邮政信件，不免违反海牙条约之精神。

至于敌国商船，在开战前出发，而在海上遇着敌舰仍不知战事发生者，在十九世纪中曾有免受拿捕之例。但依海牙条约第六编第三条，此项敌船仍可被拿捕；但不得没收，而只可留置以待战后发还，或征用，或破毁而索赔偿。(德俄对于此条附保留，因之在欧战中，英法捕获审检法庭判决没收在如此情势下捕获之德国船舶)

依巴黎宣言，在中立船上之敌货除禁制品外，是免受拿捕的。

但在欧战中，英国以报复德国之手段，并未严守此规则。

五　敌性

交战国虽可以拿捕敌船敌货，但依一八五六年之巴黎宣言，在中立船上之敌货（除战时禁制品外）是不被拿捕的。然则判定商船之为敌性或中立性，不仅以判定拿捕之合法问题，而且以定船上的非禁制品之运命。依巴黎宣言之原则，在敌船上之中立货（除禁制品外）不被拿捕。然则惟关于在敌船上之货物，始发生他们是否属敌性抑属中立性之问题。敌性中立性之判定为一八五六年宣言的原则之推阐，亦可说是保证他们适当的应用之手段。而关于敌性判定之规则，则规定在一九〇九年之伦敦宣言，兹分述如下：

一、船舶之敌性或中立性，依其有权利悬挂之国旗制定之。

依伦敦宣言之规则（第五十七条），只要船舶合法的在中立国旗下航行，不得因其船之全部或一部分为具有敌性之人所有，而认为敌性。如是则不须再检查船主之性质。伦敦宣言在欧战开初由英法俄付诸实施。法国亦实施伦敦宣言之规则。但德国采行购买中立船悬挂中立国旗航驶之计画，使英法觉悟有抛弃此规则之必要。于是英国依一九一五年十月二十日之枢密院令，废止此条，而宣言英国当仍复施行英国的惯例。法国亦同样的变更其政策。

二、在敌船上的货物之为中立性或敌性，依货主之为中立性或敌性以判定之。至于货主之中立性或敌性如何判定，则伦敦宣言第五十八条未之规定。

旧来的惯习的规则，是：凡在敌国商船上之一切货物，概假定为敌货，除非中立货主能为反证。又一般承认货物之敌性，依其货主之敌性以定。然以关于个人之敌性向来未有公认的规则,因之即未有决定货物的敌性之公认的规则。伦敦宣言于此亦未制定何规则,因为列强意见不能一致。

在欧战前,关于决定货主之敌性有两种制度:其一为法国制或大陆制,此为英国以外之一切欧洲国家所采行;其他为英美制,日本采行之。

法国制全以货主个人之国籍为标准,而不问其住在何地。如是惟有属于敌国人民所有的货物之在敌船者始具有敌性,不论他们住在敌土或中立国;而凡在敌船上而属于中立国人民所有之货物则不具敌性,无论此等人民住在中立国或敌土。

至于英美制,则住居(domicile)为决定敌性之标准,住居于敌国,即赋予个人以敌性,不论其本来国籍如何。依此标准推断,凡属于住在敌国内的个人之货物概为敌货;而凡属于不住在敌国内的货主之货物则一般的不看作敌货。

如是,则属于住在中立国的敌国人民所有之货物不是敌货;反之,属于住在敌国的中立人民所有之货物,则具有敌性。又一方交战国人民住在他方交战国,而在开战后仍许居留者,其所有之货物,自前者视之为取得敌性,而自后者视之,则(为捕获审检之目的)丧失敌性。

简单的说,依英美惯例,如果货主住在敌国,不论他的国籍如何,其货物为敌性之货。然如果一个人住在中立国,而在敌国有营业屋所者,则认为他取得有商业住所(commercial domicile),而其货物认为敌货。反之住在敌土之敌国人民所有的货物之敌性,不因其人在中立国有营业屋所而改变。

三、若敌船上,货物之中立性未有证明,则当假定其为敌货。

（第五十九条）

四、在敌船上之敌货，至在其抵达目的地为止，继续保有其敌性；即令此货物在转运途中，有在战争开始后移转所有权之事，其敌性仍然存在。（第六十条）

为防止欺诈计，向来交战国，尤其英国，多少采一严厉的规则，不承认在货物转运途中变更货物之所有权。货物一旦以敌货之资格出发，则一迳等至运到目的地为止，认为继续保有敌性，而不问关系当事者之间有无契约决定所有权之移转，或所有权已否移于中立主之手。

但有些国内法，许未受取代价之卖主，在买主破产之时，对于成为买主所有而尚未运到他手之货物有收回之权利；卖主于此取回货物，而不认为已经丧失所有主之资格。为应付此项特殊情形，伦敦宣言第六十条补加一项说："但在被拿捕以前，原来之中立货主因现在之敌性货主破产，而行使收回货物所有权之权利，则此项货物恢复其中立性。"

六 船籍之移转

A 私船

敌船是可被拿捕的，而中立船则是不被拿捕的。敌船之移转于中立国旗下，构成敌性问题之一部分；此项移转或是行于战争开始前，或是在战争中，是否可以消除船之敌性，久为争论之点。在一九〇九年伦敦宣言以前，列强关于此问题未有一致之意见；而依各国惯例，亦殊不同。依法国惯例，在开战后敌船移转于中立国旗下，是不能承认的，而如此移转之船，保有其敌性。但在战争开始以前之合法的移转，却能赋予船舶以中立性，但其移转必须是完全的，无条件的。而依英美惯例，则在开战以前及在战争中，敌船均可以移转于中立国旗下，而消除其敌性，只要此项移转是善意的，不是在封锁港内或船舶航行中完成的，而且卖主对于船舶不保留何项利益或战后收回或买回此船之权利。但对于此项移转，须经严密的检查，如发见卖主保有何项利益或节制，则其船即认为敌性。

一九〇九年之伦敦宣言，关于船籍移转问题定有规则，大致以英美惯例为基础。伦敦宣言对于战前移转与战争中移转之待遇有别。

依该宣言第五十五条，在开战以前之移转是有效的，除非捕获者能证明其移转是为避免拿捕而行的。然如果“移转证书”不在船上，而移转之完成在战争开始之前不到六十天以内，则其移转当假定为无效，但许关系人为反证。

为给商业以保障，使交战国不至以逃避拿捕之理由经易将敌船移转视为无效，伦敦宣言第五十五条补行规定，如移转行于战前三十天以外，即有一个绝对的假定认为有效，如果此项移转是无条件的，完全的，而合于关系国国内的法律，而如果敌性卖主未对于船舶保留有何项节制或利益。即令在此情形之下，如移转之完成在战争开始前不到六十天以内，而“移转证书”不在船上，此船亦犯嫌疑，而可捕送到港内检查，而如法庭释放之，亦不得要求损害赔偿。

至于开战以后所行之移转是无效的，除非是关系人能证明此项移转不是为逃避拿捕而行的。若遇有下列三项情事之一者，其移转绝对的认为无效：（一）移转系在船舶航海中，或在封锁港内成立者;(二)卖主保留有收回或买回之权利者;(三)关于悬挂国旗的权利之法定的条件未遵守者(第五十六条)。

B　军舰

依英美惯例,在战争中将敌国军舰移转于中立国旗下总是无效的,即令此项移转成立于中立港内,而在其船已解除武装之后。此规则存在之理由甚明白;军舰若不是为逃避拿捕,当无在战争中移转于中立国旗下之事。

但伦敦宣言之规则似可兼适用于私船与军舰,因为宣言系泛用“船”之名词。如是则已稍变动了英美惯例,盖军舰之移转如能证明其不是为逃避战争结果而行者,其移转可以有效。关于此层未有判案可援据;但在欧战中,因为德国巡洋舰 Goeben 及 Breslau 两舰逃入鞑靼雷斯海峡,改隶土耳其国籍之事,发生敌国军舰能否移转于中立国旗下而消除其敌性之问题。无论是依英美惯例,抑依伦敦宣言之规则,此两德舰之移转于土耳其国籍,似皆无效,因为其移转明明是为逃避拿捕而行的。

七　对于海上敌人之待遇

依国际法上惯习的规则,在海战亦如在陆战然,惟对于彼能战且愿战或抗拒拿捕之战斗员方可加以杀伤。凡伤病之人,或放下武器投降之人,或不抗拒拿捕之人,应当宽赦其生命,除非在紧逼的需要或在报仇之场合须取非常手段。毒药及一切发生不必要的苦害之兵器弹丸及材料概行禁止,而欺罔的杀伤手段亦然。圣彼得堡宣言及海牙宣言关于使用武器之禁令亦适用于海战。

一切交战员及被捕获的商船上之船员,以前原来可以留为俘虏。依海牙条约第十一编第五至第七条,商船之水夫之属中立国人民者,绝不得留为俘虏;而船长,事务员,及水夫为敌国人民者,及船长、事务员之为中立国人民者,在其不肯依宣誓被释放之场合,可以拘留为俘虏。在欧战中,此协约无拘束力,因为不是一切交战国皆为缔约当事者,而商船船员之属敌国人民者被拘为俘虏。一旦俘虏上岸,他们受海牙规则第四至第二十条之管辖;而如其在船上,则对于俘虏为人道的待遇之惯习的规则,应当遵守。

陆上军队既兼容有战斗员与非战斗员,海军亦然。非战斗员如火夫,医生,教士等,只要不参加战斗,可不直接被攻击杀死伤害,但他们不免受因战斗而起之间接损害。他们确可拘为俘虏,除非他们是宗教的,医事的,病院的人员,此则依海牙条约第十编第十条而享有不可侵犯之特典者。

八　对于海上伤者病者遭船难者之待遇

在日内瓦条约批准之后,一般的随即承认有将其原则应用于海战之必要。但及到一八九九年之第一次海牙会议始讨议及此问题,而立有一协约。此项协约,在第二次海牙会议再加增修,而成海牙协约第十编 Convention for the adaptation of the principles of the Geneva Convention to Maritime War 此约为一切到会国家所签押(除尼加拉瓜外),而大多数签字国批准之。此协约关于伤者病者,遭船难者,死者之待遇,及病院船之特权诸事,立有规则。

船上的海陆军人员及其他在公务上附属于舰队或军队之人等,负伤染病,不论属何国籍,须受捕获者之尊重及看护(第十一条)。一切敌方遭船难者,伤者,病者之人等,落于交战国之手,是为俘虏。他们是否留置船上,或送回本国港,或中立港,或敌国港,则捕获者有决定之自由。如其送于敌国港,则他们不得再服役于战争(第十四条)。如其得地方官吏同意在中立港上岸,则当由中立国留置,防其再参加战争(第十五条)。每场战斗之后,两方交战国在无碍军事利益之限度,当设法寻觅遭船难者,伤者,病者,而设法保护此等人及死者,免其有受虐待劫夺等事,所有尸身之埋葬,无论是土葬,水葬,火葬,事先务须悉心检验。(第十六条)

海牙协约第十编所保护之病院船分为下之三类:

一、军用病院船　此是国家所建造或设备之船只,专为救护伤,病,遭船难者之用的。此类船舶之名当预先通知交战国,他们当受交战国之尊重,不得被拿捕;而在中立国港之时,不与军舰同待遇。(第一条)

二、私备病院船　凡病院之全部或一部分以交战国之正式承认的救助团体或私人出赀置备者,亦须尊重,而免被拿捕;但须得其所属之交战国给以正式委任状,并于使用前将船名通知了他方交战国。(第二条)

三、中立病院船　病院船之全部或一部由中立国公认之救助协会或私人出赀置备者,亦须尊重,而不得拿捕;惟此项船只须置于一方交战国之节制下,而其船名亦同样的事先通知他方交战国。(第三条)

依海牙协约第四条,一切病院船对于各方交战国之伤者,病者,遭船难者之人等给以同等救护。该各国政府不得将此等船用于军事上。此项船只不得阻碍战斗员之动作,在战斗进行中及其以后,他们如遇危险,自负其责。交战国对于病院船有节制及检查之权,他们可拒斥其救助,命其开离,对他们指定路线,派员驻在船上；且因重大情形而有必要时，亦可拘留之。

依海牙条约第七条，如在军舰上发生战斗，舰上病室，务当尊重保全。但病院船及军舰病室如用于有害敌方之行为上，他们应得的保护即终止。（第八条）

一切病院船均须依照第五条规定，外面涂白色以为标识。除着标识的色彩外，一切病院船须悬挂本国国旗，并加悬日内瓦条约规定之红十字旗，如果病院船属于中立国籍，他们且当加悬其所受节制之交战国旗。

凡被捕获的船上所有宗教的，医事的，及病院职员之人等，概不可侵犯，而不得留作俘虏。（第十条）

九　捕获审检所

关于捕获物之所有权之移转，有两派正相反的学说。一方面有学者主张，凡交战国军舰一经捕获敌国私船，仅以此捕获之事实，即取得其船之所有权，而可以自由处分之。而在他方面，则有学者否认仅仅捕获之事实有赋予捕获者以所有权之效力；而断言交战国之取得捕获船之所有权，须在经过捕获审检所正式判定没收之后。前一说似代表英国学者之见，而后一说则大陆学者尤其是法国学者持之。现今国际法学界之倾向，则似趋重于后一说，一九一三年国际法学会制定之海战法典（Oxford Manual of Naval War）第一一二条明白规定：在捕获审检所最后判定没收以前，交战国不得占有在战争中所捕获的船或货。然无论在理论上采何一说，就现今国际实例上看来，交战国之将捕获物交付捕获审检所审检，则为公认的最普通方式。

捕获审检所之性质 在近世国际法成长以来,有一个公认的惯习的规则,说,在战时,海上交战国应当设立法庭,值其公舰或私掠船拿捕有捕获物之时,以判定捕获之是否合法。此项法庭称为捕获审检所(Prize Courts)。如求一简单之定义,我们可以说:"捕获审检所,是交战国所设立,以审检海上捕获为目的之国内法庭。"敌船及其所载的敌货之捕获,是纯然由战争状态而起之事实。捕获果系合法的依照常规以执行之乎?捕获者是否未逾越战争法规?他果未误认船货之国籍乎?捕获不是行于中立国领海乎?凡此诸点,皆属捕获审检所所待审察之问题。

捕获审检所设立之地点 捕获审检所设立于各交战国;交战国于此对于自己的事件同时兼为判官及诉讼当事人。捕获审检所是国内法庭,设在交战国本国或其占领之地域,或设于其战争中同盟国之领地。在后之场合,自须预得其同盟国之允许。但此项法庭,不得设在中立国境内。中立国如许设立交战国之捕获审检所,是违反中立义务。而如果一交战国谋设立此项法庭于中立国辖境内,他即犯有重大的侵犯中立国独立之行为;因为设立法庭审检捕获物,属于最高主权的行为,而不许在平和的友邦境内行使。一七九三年美国政府对于法国公使 Getêt 之在美国境内设立捕获审检所,曾对待以严厉手段而阻止其行为。

捕获审检所之组织 捕获审检所是国内法庭,他的组织依各国法律而有差别。我们可就各国组织此项法庭之制度分出三类:

一、司法组织制 今世惟有三个国家之捕获审检所为纯然司法的组织,即:英国,美国及荷兰。在英国,高等法院之一庭名为 Probate and Admiralty Division 者,对于捕获审检之事,行使第一审权,而上诉则提出于枢密院之"司法委员会"(Judicial Committee of the Privy Council)。在美国，亦是司法法庭审检捕获物；捕获初审案件提于区法院，而上诉则在联邦高等法院。在荷兰，捕获案件属于高等法院之权限。

二、行政组织制 捕获审检所之纯属行政的组织之性质者，有法兰西与西班牙两国。在法国，为审检捕获案件，设有捕获审检所，名 Conseil des Prises，全以行政官吏组成；对于审检所判决之上诉案件，则提出于参事院。(Conseil d'Etat)

三、混合制 在奥，德，俄，丹麦、比利时，希腊，日本及中国，捕获审检所之组织宁是混后制；行政方面与司法方面于此各有代表。

审检所适用之法规 捕获审检所不是国际的法庭，而是国法所设立之国内法庭。他们所执行之法律是国内法，即根据于本国惯例，制定法及特殊命令规则者。然而国家在国际法上具有一重义务。即：只为捕获审检所制定那些合于国际法之法规命令。国家亦可不制立特殊规则，而直接命其捕获审检所适用国际法的规则；而在其自己未立出有法律命令之时，审检所当适用国际法规则，亦为共认之事。但如果国内法与国际法冲突之时，法官仍当适用前者；如因此而对于他国加有损害，法官所属之国家当对他国负责任。以上为英美学者之所说。但大陆学者一般主张，捕获审检所之组织虽在各国有不同，而其判决有国际的关系，对于敌人及中立人生效，此足示他们当顾及国际法之一般原则，而不当徒顾本国法律及本国利益。

审检所之权限 关于捕获审检所之权限，依各国国内法之规定而有不同。一般的说，捕获审检所只许就捕获执行时之情状，而依国际法原则及国内法，以判定捕获之合法与否。

不是一切捕获之效力均可由审检所审检的，对于审检所之管辖权有两个制限:(一)审检所只管审检对于商船之捕获。至于对于敌国军舰之捕获,则超出此项法庭的管辖外,而全由海军当局处决。(二)审检所之审检,限于在海上之捕获。审检所只审检在公海上,在交战国领海或在海港所行之捕获。此法庭不能审检在湖川所行之捕获。但捕获审检所之管辖范围亦有扩张更广者。

审检所之程序　关于审检所之程序各国立法亦不同。一旦船舶被捕获,即当由捕获者送往捕获审检所管辖区域内之港。惟因有特殊情形,捕获物送往本国港不可能之时,捕获审检所乃可为缺席之审判。

在捕获审检之程序中,有一与普通法原则相反之处,即:由被捕获的财产之所有主来证明,捕获是不合法的,而捕获者只须辩驳之;换句话说,捕获者居于被告之便利的地位,而原告之职役则委诸船,货之关系人。捕获者不须自己证明捕获之正当及合法,此是假定为当然的;船舶提到港内之一事实,即为捕获者有权利之假定。关系当事者对于捕获者要求他们的财产权。反证之负担寄于他们自己身上,但他们亦不能以一切的方式来证明。依有的国内法,证明只许借助于船舶证书,而依其他国法律,则法庭亦可许其提出他种证据。

初审判决后,上诉可提出于一个高等法庭。上诉之期限各国亦不同。

审检所判决之效果　审检所承认捕获合法之最后的判决,即为捕获的财产之没收及其所有权之正式移转于捕获者之国家。至于在判决后此捕获物如何处分,则非国际法,而为国内法所决定之问题。

但如果捕获判决为不合法,则法庭可令单纯的放还捕获物,而捕获物的关系当事者自己担付船赁及费用。但放还之时亦可判定由捕获者支出费用及损害赔偿于胜诉之当事者，但此原则虽未被屏斥，而几从未实行过。尤其英国法庭，极端的掩护捕获者之责任。

捕获审检所职务之终止　审检所之权限既以战争始，亦随战争以终乎？平和一旦成立，捕获审检所不得再继续审检战时所行之捕获乎？关于此问题，学说及实例均不一致。而在和约中，常见有为此事设有特殊规定者。依现今国际实例，最普通采行之规则，是许捕获审检法庭在平和成立后仍继续审检在战争中所捕获之船货。关于欧战期中之捕获系采行此规则，交战国不承认捕获审检所在和议成后须停止审检捕获物之权；在一九一九年巴黎诸和约中未有停止捕获审检所继续工作之条文。不过交战国如在和议成后，自动的放还战争中所拿捕而未经审检，或已经审检判决之捕获物，则当然是他的自由。

国际捕获审检法庭　通常的捕获审检所是国内的法庭，他的判决有影响中立人民财产之效力，常发生交战国与中立国间之争议。因之为救济此项困难计，乃有设立国际捕获审检法庭之运动。一九〇七年之海牙条约第十二编，规定设一国际捕获审检法庭（International Prize Court）于海牙。此国际法庭，于特定事件，为捕获审检案件之上诉法庭。但此条约终未批准，而在欧战中尚未见此国际法庭设立。

第四节　空中战争法规

关于空中战争之规则至今犹极少。空中飞艇诚不仅可为侦察，瞭望或交通之用，并且可为投下炸弹攻击敌人之用。当海牙会议在一八九九年第一次集会之时，空中飞行艇之破坏的功能渐到处惹起注意。小规模的使用气球之事诚见于以前的战争，但航行的飞行船可以扩充用为战斗之工具者，彼时始初次进于实用科学的范围。在此种情状之下，海牙会议采定一个简易的但非确切的解决，而宣言禁止从轻气球或飞行船上投掷弹丸及爆炸物，以五年为期限。

在第一次与第二次海牙会议（一九〇七年）之间，飞行艇之发明有大进步，以至许多重要国家改变他们对于此问题之态度。在一九〇七年，虽则海牙宣言仍旧禁止从空中飞行艇投掷爆发物或弹丸，以第三次海牙会议之闭会为期限，而许多强大的陆军国不肯签此宣言。实则惟有到会国之半数签此宣言，而在拒绝签字之国家中，有德，俄，意，日本，西班牙，瑞典诸国。此项宣言在欧战中当然不能视为一般的有拘束力。

但虽则海牙会议不肯全然禁止从飞行艇投炸弹，然而一般赞成对于此项战争方式之使用，加以制限。意大利及俄国代表主张发一宣言，禁止从飞行艇投炸弹以攻无防御的城镇，村落，房屋等，以代替一八九九年的宣言之展期。此提议虽未采用以代替禁止从空中投炸弹之宣言，然究纳入于陆战规例之条约中，其第二十五条规定，无论"依任何方法"炮击无防御的城镇，村落，住屋等是禁止的。此条文是重订一八九九年条约之第二十五条，不过加有"依任何方法"（by any means whatever）之一句，此则明明包含从空中的炮击。此条与宣言不同，其有效期是无限的。但严格的就法律上说，此条在欧战中亦无拘束力，因为交战国中有五国（意大利，保加利，门的内哥罗，塞尔维亚，土耳其）未批准此约。但亦可以说，此项禁条不过是宣布既存的惯习的规则，而因之离开该条约，亦是有拘束力的。但即令假定第二十五条有拘束力，然何为“防御的”地方亦无可以判定之规则，陆战上所用以判定防御之标准，似不适用于空中战争。[1] 实则惟在此次欧战，空中战争发达之可能及其倾向始发现出来，而国际法在彼时尚不足以应付此项由实际经验引起之新问题。

有人主张从海军炮击之规则类推。铁路车站，兵工厂等虽在无防御的地方亦可从空中炮击。但此问题在法律上似尚有争点。在欧战中，一切交战国均行使此种炮击手段。

依海牙规则，乘轻气球传信息处及维持交通之个人，不算是间谍。

从陆战海战之原则或惯习上类推，交战国仅许在其自己领土或敌国领土领水上之空间，及公海上之空间，从事战争行为：至于中立领土领海上，则交战国无用以从事军事动作之权利。实际在欧战中，一切中立国坚决的主张前项原则，他们对于交战国飞艇之欲利用或飞入其领空者，悉予拒斥。所以此可以认为已成国际法上关于空中战争之惯习的规则。

在欧战中，交战国，尤其德国，惯用飞机袭击城市，引起许多法律争点。战后一般认为有详定空中战争规则之必要。一九一九年在巴黎缔结之国际航空规约未涉及战时的规则。及至一九二二年二月华盛顿会议有设立国际委员会以研究关于飞机之法规之决议，其结果则有一代表英，美，法，日，意及荷兰之“法律专家委员会”（Committee of Jurists），于一九二二年十二月至一九二三年二月之间，集会于海牙，而拟成一部空中战争法典草案。在此委员会报告中，海牙规则关于炮击城镇而设之所谓“防御的”或“无防御的”

① Hershey, Essentials of International Public Law and Organisation, p. 660.

之区别,根本抛弃。空中战争之合法的炮击,以对于军用目的物之炮击为限;凡不是逼近军队动作区域之城市,村落,房屋,不得加以轰击。至于徒为威吓住民,或破坏无军用性质之私产,或伤害非战斗员,或执行物品现金之征发之目的,而施行轰击,则概是禁止的。如果此报告采行,则国际社会有一部空中战争法典。现今则此仍是一个草案而已。①

① Hall, International Law, pp. 631—632.

第十九章　中立法规

第一节　中立规则之发达

旧说谓欧洲古代不知有所谓中立，自今视之，其说似过于武断。中立观念确是多少存在于希腊历史上，而在罗马亦约略可见。罗马自身固不愿承认中立之地位：凡值他们从事于战争，第三者或是敌国，或是友邦，而不容有中立之地位。但至少中立之思想隐约的存于古代。

在中世纪，中立国的权利与义务未有相当的承认；国家不认有所谓中立。中立国君主常许交战国在他的领土上募集军队，送给以金钱及军用品，而从不想到此事有伤他感情。交战国亦同样的任意以战争行为侵犯中立领土。但在中世纪之末期，国家与国家之间常订有条约，约定，如果缔约国一方从事战争，他方不给前者之敌人以助力。依此方法，一种粗略的中立惯习渐次成长。然而在条约之外，对于中立义务仍无所承认。在十七世纪中，国家犹常给交战国以助力。而在他方面，则交战国亦常侵犯中立领土，尤其在中立领海。所可注意者，格罗特著书之时，他尚未用中立（neutrality）之名词，而用 medii 之称，他关于此层所论及者亦极有限。

格罗特于此只立有两个原则,而皆不可实行的。第一个原则,是:凡有助于彼理由不正的交战国之事,中立国皆不可为,而凡有碍彼理由正大的交战国之行动之事,则中立国亦不可为。第二个原则,是:在一个是非不明之战争中,中立国对于两方交战国,关于许其军队通过,供给军需等事,应当同样待遇。若说关于中立有何明白的原则,则其原则,是:中立国应当对双方交战国无所偏袒;此不是说对于两方皆不援助,而是说对于两方给以同样的援助。直至十七世纪末,中立思想尚无大进步。

迨及十八世纪,理论与实例始俱承认中立国有不偏袒之义务,而交战国有尊重中立国领土之义务。Bynkershock 及 Vattel 两人对于中立提出有适当的观念。Bynkershock 未用 neutrality 之名词,但称中立国为 non hostes,而解释为在战争中不是何方的交战国,而又不是依条约给何方以助力者。而在他方面,Vattel 则使用中立之名词,而作定义如下:“在战争中之中立国家,是那些不加入何方而对双方维持交谊,而不袒助一方以侵害他方之国家。”简言之,即 Bynkershock 及 Vattel 皆申言,中立义务是“绝对的不袒助何方”之义务,而不是给同样助力于双方之义务。但即令在十八世纪,Vattel 亦承认有所谓“不完全的中立”(imperfect neutrality),即谓,一国可对于交战国给以有限的援助,如果此事是约定于战争以前,而不是为预期某项战争之来而为之者。在十九世纪之初期,不完全中立之观念亦消灭。最后的一例,见于一八二六年英国之助葡萄牙抵敌西班牙。在同时期中,交战国侵犯中立国领土之事亦稀,而为世所不容许。

近世中立之观念,是将中立认为完全不助何方之义务,而交战国则不侵犯其领土,中立规则即依此观念以立,而其发达实在十九世纪中。前乎此时期，虽则临检搜索之权利及押收战时禁制品之权利一般的被承认，然而关于其他诸点，则学说实例皆未立有一致之规则。

中立规则在十九世纪中，继续发达。南非战争及日俄战争发生若干事件，引起世人对于中立规则之注意，以致一九〇七年第二次海牙会议，将中立规则列入议题，而议定有海牙条约第五编“关于陆战中立国家及其人民之权利义务”，及第十三编“关于海战中立国家之权利义务”。加之在海牙会议的其他条约中，亦有些规定，虽不是直接关涉中立国家，却亦间接于他们甚重要。例如海牙条约第七编关于商船之改装军舰，间接关涉中立商务；而第八编关于潜水雷之敷设及第十一编关于海上捕获权利行使之制限亦然。依海牙条约第十二编，海牙会议议决设立一个国际捕获审检法庭以为不服国内捕获审检所判决之上诉机关，亦所以保护中立国及其人民之利益；但此条约未得批准，而为制出一部捕获法规以便国际捕获审检法庭援以判案，在一九〇八年有伦敦海法会议之召集，而此会议开到一九〇九年，议定一部关于海战之规则，即伦敦宣言(Declaration of London)是。伦敦宣言为第一部系统的海战法典，所有关于封锁，战时禁制品，非中立的服务，中立捕获品之破坏，船籍移转，敌性等项，皆有规定。

但伦敦宣言迄于欧战发生，尚未被批准，因这在法律上无拘束力(除开有些部分系重申既存的国际惯习的规则外)，尚不能说是国际法的规则。

在一九一一年意土战争，第一次遇着适用伦敦宣言之机会，而双方交战国皆遵守之，虽则此宣言彼时尚未有何国批准，而土耳其且不是签字国之一。

及一九一四年欧战发生，此宣言在法律上虽无拘束力，而美国邀请两方交战国采用之。德国同意，但以其敌方一同采用为条件；而英法俄则惟允加以变更始采用之。在欧战中，英国依几次的枢密院令，对于伦敦宣言之规则加以改正，而付诸实施。在战争进行中，协商国逐渐改变其对于海战规则之态度，日益觉伦敦宣言于他们的行动有碍。最后英国乃依一九一六年七月七日之枢密院令，撤销以前所有关于适用伦敦宣言之各次枢密院令，而宣言他将严格的依照国际法以执行海上交战的权利，而关于战时禁制品及所谓“继续航海”（continuous voyage），制定有特殊的规则。

国际联盟成立，中立制度感受大影响。依联盟规约第十六条，凡在联盟之国家，如有漠视规约规定，对于他盟员开战之事，当即认为对于其他一切盟员，犯有开战行为，而后者即当对待以经济的或甚至军事的制裁手段。然则国际联盟对于关涉联盟全体之一切战争，将不承认有所谓中立。因之中立之制度进于一个新阶段，将来似只能行于与国际联盟自身无关之战争中，因而其适用的范围将极狭小。

第二节　中立之性质

凡国家不参加他国间之战争者为中立国。中立是一种法律的状态，可以发生一定的权利义务的。中立国对于交战国而享有之权利，谓之中立权利（neutral rights）；其义务谓之中立义务（neutral duties）。

一国遇有战争，是否当守中立，此为国际政策之问题，而不是国际法之问题。除非先有条约明白规定,一国依国际法无在战时必守中立之义务。然而凡值战争发生,一切国家之未依言语或行动有明白的表示者,概假定为中立的,而中立之权利义务即附着于他。从法律上说,在中立国方面,无依特殊宣言表示守中立的意思之必要,虽则他们常正式明白宣布中立。

关于中立。有几个根本的原则或特性,可举出者如下:

一、独立的国家在战争时有固守中立之权利(除开受特殊同盟条约之拘束及国际联盟规约之要求外),而交战国则有尊重其中立,尤其其领土主权之义务。同时交战国则有要求中立国遵守并厉行中立义务之权利。

二、战争是国家间之变则的,例外的关系,不能因为战争而抹煞国际平和关系上之一切权利及特典。除非有相反的证定,凡中立国家及其人民在一般平和之时得自由为之之事,在他国间战争期中亦得自由为之。

三、中立国特有之态度为"不偏袒"。此项态度之表示有消极与积极两面。消极的表示是在不对交战国一方给以有害于他方之援助,而亦不为有害于一方以利于他方之事。但在他方面,中立国尚须取积极的手段,因为中立国须防止交战国有利用中立国领土以达军事目的及其他与中立状态不相容之行为。

四、中立法规之一大部分,尤其关于临检搜索权及关于战时禁制品及非中立的服务之处分等,为交战国与中立国间反对的利益之调和的结果。

五、因为国际法是纯为国家与国家间之法,中立是说国家之不偏袒的态度,而不是要求于个人之态度。中立国家诚依国际法有防止其人民为有些行为之义务,但此等人民之遵从其本国主权者的命令，是国内法所课之义务，而不是国际法所课之义务。严格的说，构成违反中立之行为，限于国家自身之行为，至于个人行为，不能有所谓违反中立。除开运送战时禁制品或对一方交战国尽非中立的服务等特定行为，可被交战国阻止及处罚外，中立国人民可以完全自由行动。

六、中立之特征，在对两方交战国均取不偏袒之态度，但此不包含对他们断绝交际之义务。除有些事情，因欲维持不偏袒之态度势不得不加以制限外，交战国与中立国间之一切交际依旧进行。

第二十章　交战国与中立国间之权利义务

第一节　中立规则之分类

中立者(neutrals)之名词,有两个意义,须严为分别。此可以指中立国家(neutral state)而言,亦可以是指彼属于中立国家之人民,即中立个人(neutral individuals)而言。① 前者对于交战国之关系大不同于后者。为说明便利起见,我们可将中立规则分为两大类:(一)交战国与中立国间之权利义务;(二)交战国家对于中立人民的商务之限制。

中立国家对于交战国家有许多权利,依事件之性质,为中立个人所不能有者;而且中立国家亦负有许多义务,为中立个人所不负者。而在他方面,中立个人可以有许多行为为中立国家所不可为,亦须忍受许多妨害为中立国家所不受者。在此两场合之权利义务既然不同,其救济方法亦各异。如一国家对他国家有所侵害,救济

① 海牙条约第五篇在用语上设有区别:关于中立国家称 neutral powers(第一条);而关于中立国人民则单称 neutrals。(策十六条)

方法是国际的；而如一中立个人犯着交战国有权利禁止之行为，则受害之政府直接对待他。而在其法庭处置之。个人所属之中立国家不能干涉此事，除非交战国谋处罚国际法所不加罪之行为，或其处罚之严出于国际法规则所许之范围以外。

第二节　中立国之主要的义务

关于中立义务，除国际惯习的规则以外，尚有两编海牙条约规定之，即：一九〇七年海牙条约第五编关于陆战中立国及中立人民之权利义务及第十三编关于海战中立国家之权利义务。中立国主要的义务可举出如下：

一、中立国不得对于交战国供给军队、军舰、军需品等项。无论此项供给是仅对一方交战国行之，抑同样的对于双方交战国行之，皆是禁止的。但中立国无禁止本国人民供给交战国以兵器军火及其他海陆军用品之义务。

惟有一个问题引起争论者，即中立国家如在平时与一方交战国订有条约，约定在战时供给以一定的数额之军队，则在中立国履行此项义务之时，是否为违反中立。有些学者作否定之答覆，实则在十八世纪，此为常有之事。然在十九世纪中，此种事件未发生，而今日之应当作肯定的答覆当无疑义，因为不完全的中立今已不复容许。

二、中立国家不得供给借款于交战国。而在他方面，则中立人民所为之善意的借款，即在通常商事交易上为营利而为之借款，是合法的。

三、中立国当防止交战国在其领土上募集兵员，他须禁止在其领土上设立募兵机关，或编成战斗队。中立国且当防止本国人民大规模的结队越境赴交战国投军。

许多国家，制定有中立法规，禁止本国人民投入交战国军队。但在法律上中立国家对于个人之单独的投入交战国军队，不负责任。在南非战争中，许多外国人参加波亚人军队，而不因此牵涉其本国之中立违反问题。而严格的说，中立国家对于其战争发生以前已服务于交战国海陆军中之本国军官亦当召回，而对于彼欲解去本国职任以投入交战国军队之军官则当阻留之。

四、中立国须禁止军队通过领土或军火运送车过境。但中立国可许伤兵病兵运送过境，只要车辆上未兼载有兵员及军需品，而为此目的，中立国当取一切保安及监督之必要的手段。

如果交战国军队逃入中立国境内，则必须令其解除武装。而务留置于远隔战场之兵营内。逃入军队所带来之俘虏即当释放。若中立国受纳逃脱的俘虏，当恢复其自由。

至于一方交战国送入中立境内的伤兵之属于他方军队者，则应当留于中立境内，而由中立国政府监护之，防其再行加入本国军队参加战事。

军队之通过与伤病兵之通过，关系不同。如一中立国许交战国伤兵通过，诚哉他未有直接给何助力于该交战国。但此亦可以为间接的助力，因为交战国一旦免于将其路线运送伤兵，即可腾出此路线以运送军队军需品等。一八七〇年普法战时在塞丹(Sedan)及梅仔(Metz)之战后，德国请求比利时，卢森堡许其运送伤兵过境，法国提出抗议，其理由是，如此减轻德国交通路线之负担，将有助于德国军队之战事动作。比国依英国之劝告未容纳德国此项请求，但卢森堡则允许之。

五、中立国当防止交战国在其领土上设置无线电台等，且禁止使用战前纯为军用的目的而设置于中立地之此等设备。

六、中立国政府对于任何船舰，有相当理由信其将供巡逻之用，或谋攻击一方交战国者，须用所有手段防止在其管辖内舣装或武装，并且对于谋出而巡逻或攻击一方交战国之船舰，而曾经全部或部分的在其管辖内装配以适于战事用者，亦须注意阻其出发。

承认中立国有防止本国人民为交战国建造，装配或武装船舰以从事战争行动之运动，起于有名的 The Alabama 船一案。一八六二年，在南北美战争中，此船由南方政府在英国订造，出海武装，以攻击美国商船。在战争结局，美国向英国要求损害赔偿，以偿 The Alabama 及其他在英国同样建造的敌舰所加于美国商船之损害。两国谈判数年，卒于一八七一年五月八日订立华盛顿条约，将此案交付仲裁解决。华盛顿条约包载有三条规则，通称为华盛顿三条（The Three Rules of Washington），以供仲裁者之援据，此三条中之第一条即为上述海牙条约第十三编第八条之基础。①

七、对于交战国在中立港内之军舰，中立国须履行几项预防的义务。同一交战国之军舰在港内停泊者同时不许过三只。除因损伤或天候险恶之特殊情事外，军舰停泊港内不得过二十四小时。如果交战国军舰接有开离之命令而不遵行，可以解除其武装。中立国不得任令军舰离港之时增加战斗力，交战国军舰在中立港内之修理，以航海安全上之必要为限，此等军舰不得利用中立港口领海以更新或增加他们的军需，武装或补充船员。交战国军舰只许

① Hershey, Essentials of International Public Law and Organization, pp. 681、683.

取有平时标准相当之粮食，只许取有为航至最近的本国港必要之燃料，但在三个月以内不得在同此中立国之港内再取燃料。如两方交战国的军舰同时停在中立港内，则一方军舰开离之后。必隔二十四小时，他方军舰方许开离，至于一方交战国军舰与敌方商船同在港内，则军舰之开离亦当在商船开离经过二十四小时间隔之后。

八、中立国须防止交战国利用中立国港口及其领海为海军策战动作之根据地，尤其是建设无线电台及其他供给交战国海陆军交通机关之一切设备。

九、中立国不得任令交战国以其领内为保管捕获物之所。

中立国究有禁止交战国的捕获物带入港内之义务乎？以前的规则是，中立国之容纳捕获物与否，全然是他的自由，他无必拒绝之义务。但后来通常的惯习是拒绝捕获物入港。尤其是美国久采定此政策。国际社会有一种感觉成长，认定中立国不应容许捕获物入港，而此项感觉表现于海牙条约第十三编之第二十一条。依此条规定，惟因损坏，天候险恶，或粮食燃料缺乏之情事，捕获物始许带入中立港内。此项船舶所依以入港之情势一旦消灭，即须开离，如其不然，中立国可命其即时离港，如仍不遵行，则中立国须设法释放捕获物并其职员水夫等，并须扣留监送捕获物之船员。

如果捕获物带入港内不是为第二十一条所列举之原因，中立国亦当释放之。

但海牙条约第二十三条复规定：捕获物无论是有军舰护送与否，如其入港系为暂时管押以待捕获审检所之判决者，中立国可以许其入港。此条性质殊可疑，似与第二十一条规定之原则不相容。如依此条以行，则实际使交战国能保管其一切捕获物以防再被捕获，而中立国如此许交战国捕获物入港，不免间接有助于相关交战国之军事动作。因为此理由，英、美、日本诸国对于此条附保留。

第三节　交战国对于中立国之义务

凡中立国应当防止之一切事情，交战国均当避而不为，尤其交战国当尊重中立国领土，而不为军事的目的使用之，此项义务根本重要，而定在海牙条约第五编。该条约条一条，宣告中立国之领土不可侵犯，交战国不得运送军队军火过境。

中立领土之侵犯与平常领土之侵犯，性质大有区别。在平时，凡国家遇有外国侵犯他的领土之事，有要求赔偿之权利，但他亦可置之不问，换句话说，他亦无必要求赔偿之义务。但在侵犯领土同时即为侵犯中立之场合，则中立国不仅有要求赔偿之权利，且有如此要求之义务。海牙条约第十三编第三条规定，遇有船舶在中立国领海被拿捕，如捕获物尚在中立管辖内，此国当设法释放捕获物及其船中人员，而拘留交战国监管捕获物之船员。如捕获物已出中立领外，则捕获者所属之交战国政府，当应中立国之要求，释放捕获物及其船员。因为不如是，则中立国是厚于一方交战国而不利于他方，因而有违反他的不偏袒之义务。

中立国既有防止其中立被侵犯之权利及义务，同时即具有抵拒交战国侵犯行为之权利及义务。如果交战国侵犯或谋侵犯中立国之中立，中立国可以武力抵拒之，而中立国此项分内的行为，不构成敌对行为。例如交战国军舰攻击敌方商船于中立港内，而被中立国军舰抵拒，又如交战国军队谋通过中立领土而被中立国军队强迫的阻止,此皆在中立国方面不构成敌对行为:中立国于此不过是履行他的不偏袒之义务。此项原则定于海牙条约第五编第十条:中立国即用武力抵拒侵犯中立之举,不能认为敌对行为。

关于中立地位之问题,有数件特殊的国际事例。在日俄战争中满洲及高丽立于特殊地位。在日俄战争中,日本之目的在将俄国逐出满洲,而排出俄国在高丽之势力。而高丽及中国自己皆无力排出俄国军队及势力。于是满洲及高丽皆构成战争区域之一部分,而此等地方,则是中立者之中国及高丽国家的领土。中国及高丽一方面为中立国,同时而任其领土为日俄两国之战场,其地位之奇异,很少比类。此与通常的中立原则绝不相合。但列强承认此特殊情状出于不可避免之事实,劝中国勿加入战争,而劝双方交战国勿扩张战线于满洲境界以外。于是东三省成为战争区域,而交战国在彼处所为之战斗行为,不算是侵犯中国之中立。东三省之地位于此被视同在外国军事占领之下地域。实则在一九〇四年三月十三日中国政府之中立宣言中,自己已将满洲划为战争区域:"……但满洲之地为外国驻扎军队尚未撤退之地方,中国因力所不及,恐难实行局外中立之例,然东三省疆土权利,两国无论谁败,仍归中国自主,不得占据。"日俄二国接此公文皆承认之,于是公认辽河以东为交战地,以西为中立地。

但在此战争中,交战国确有侵犯中立之事。一九〇四年八月十二日,日本军舰阑入芝罘港内,捕去俄国军舰,明明是侵犯中国中立,因为芝罘与旅顺大连不同,并未包入在战争区域。但日本不肯为此向中国道歉,说是中国未能对于俄国厉行中立规则。

欧战发生之初,日本围攻德国租借之青岛,而青岛之主权者之中国则是中立国,此亦中立地位之一个异例。彼时之青岛同于日俄战争中之旅大，视同外国军队占领下之土地，因之日德之在彼处交战，说是于中国之中立无妨碍。但日本之更进一步越出青岛以外，进兵于山东内地，则再不能逃侵犯中立之罪。

在欧战中再有一个异例，则为希腊之地位。在一九一五年十月希腊尚在中立之时，协商国派兵于希腊之萨罗尼克登岸，以援救塞尔维亚。希腊政府形式上提出抗议，但未阻其登岸。然而其后希腊仍继续守中立，及至许久时日以后，方加入战争。

萨罗尼克是中立地，而协商国派兵占据以为进兵塞尔维亚之根据地，不是侵犯中立乎？英国方面对此问题，作否定之答覆。他们说，在一九一五年九月，希腊内阁总理威尼佐洛司(Venizelos)请求英法出兵，则协商国既是应希腊政府之请求出兵，希腊不能说他们是侵犯中立。

然则希腊于此因为起初既请求协商国出兵，嗣后又不取何手段排出联军，不授德国以对希开战之理由乎？此问题当作肯定之答覆。希腊将其土地供协商国之利用，或不取何郑重的防止手段，自己已经自放弃其中立。但德奥究不愿希腊放弃中立，他们为政治的王室关系的理由，不对希腊宣战。但威尼佐洛司既为形式的抗议，而希腊国王究亦否认威尼佐洛司之行为，因而威尼佐洛司去职。无论如何，就法律上说，彼时希腊之中立地位是变则的。

第二十一章　交战国对于中立商务之限制

第一节　战时中立商务

依国际法原则，中立国并无防止本国人民与交战国通商之义务。

中立国人民之商务与中立国家对于交战国营商，两者性质全然不同。贸易不是一个国家通常的业务，如果一中立国政府卖渡军火于交战国，即可假定为帮助此交战国。但如果中立国人民卖渡军火，则无认为帮助或同情之假定；卖渡不过是营利事情之一种。

但中立国家固无干涉本国人民贸易之义务，而交战国则依国际法，如值此项贸易有助于其敌人，则有起而防止之权利。

交战国可以种种方式干涉中立贸易，不是因为此等贸易违反中立，而是因为增加了敌方力量，有害于他自己利益。此部分国际法是两个相冲突的权利之调和，即中立人民从事贸易之权利，与交战国阻止此项有碍他的战事目的的贸易之权利。

交战国干涉中立贸易最显著之处所有三：战时禁制品，封锁，及非中立的服务。以下当分别论述之。

第二节　战时禁制品

在国际法上,久有一个确定的规则,谓交战国对于有些中立货物之可以供敌方用者,得中途截留之;此等货物名为战时禁制品(contraband of war),英国对战时禁制品所下之公式的定义,是:"战时禁制品,是在公海或交战国领海船上的中立财产,可用以帮助,而正将往帮助敌方之海陆军动作者。"此定义表明战时禁制品之两个特性,即:(一)战争用,(二)敌性的目的地。

一　战争用

何种物品可纳于战时禁制品之类,向为争论之问题。格罗特未使用禁制品之名词(此名词在他以后始使用出来),但他曾论及此事,而分别三种不同的物品:第一种物品,例如兵器,只能用于战争者,因之常是禁制品。第二种物品,例如奢侈品,绝不能作战争用者,因之绝不能作为禁制品。第三种物品,例如金钱,粮食,船舶可以用于战争,亦可用于平时者,此称为 resancipitis uses(两用品);因为他们的两重用途,他们依情势之不同,或为禁制品或否。虽以 Bynkershock 之决然的反对此项分别,大多数交战国之实例与之符合。不过详细的分析起来,即就此项分类上说,亦有困难。关于第一、第二两种,问题尚简单;只供战争用之物品常定为禁制品,而不能供战争用之物品则从未列入禁制品。惟第三种则引起困难。对于疑难的暧昧的性质之物品,如食料,煤炭,牲口等类之待遇,实例不一致，有时列于禁制品，有时则否。从十六世纪之初以来，有许多条约缔结于国家之间，以决定属于两用之物品何者应当，何者不应当在缔约当事国之间视为禁制品，但此等条约规定彼此亦不一致。而如其不受条约之拘束，则交战国值战争时可自由斟酌，随特殊情势之不同，可将有些两用的物品或视为禁制品或否。一八五六年之巴黎宣言虽然使用禁制品之名词，而亦未给以定义。

然而许久以前，英国政府关于暧昧的性质之物品之处置问题，采有一便利的解决，即将禁制品分为两类，即：绝对的禁制品（absolute contraband）与条件的或偶然的禁制品（conditional or occasional contraband）。如果一个物品属于绝对的禁制品，则每值此物品在其赴敌国或敌军占领之地方或敌国军队之途中被捕，当作禁制品处分之。如果物品属于条件的或偶然的禁制品，则惟在其被捕拿之时，明明将为海陆军目的而使用，乃受禁制品之待遇；条件的禁制品之被捕拿为禁制品，必在其真运给敌国军队或有些政府机关之场合。绝对的禁制品包含一切专适于战争用之物品，及那些性质复杂而其战争用途较显著之物品，例如火药。条件的或偶然的禁制品，包含一切真可疑的物品，比如食物，煤炭之亦可供民用者。

一九〇九年伦敦宣言采定此分别。此宣言载有列举的物品单，分别何者为绝对的禁制品，何者为条件的或偶然的禁制品。此宣言并且新加一类，包含一切不适于战争用或使用于战争之可能极少之物品；此等物品，称为自由物品（free articles）。

然而伦敦宣言尚未批准，虽则在欧战之初，英国及其同盟国采用其规则之大部，他们抛置其所付载的绝对禁制品之单。

英国在欧战中随时发布命令，指定绝对的及条件的禁制品以应付既存的情势。此大有以变更伦敦宣言之规则。最后则协商国并"绝对的"与"条件的"之区别亦抹杀,而概视作一种禁制品。[①]

二　敌性的目的地

中立货物之得视为禁制品,必系他们既适于战争用,而且有敌性的目的地。无论物品之性质如何,除非他们系送往交战国用于战争,决不算是禁制品。兵器弹药之运往中立国者,其非禁制品,犹之送往同一目的地之其他货物然。

百年以前,船舶之目的地用以决定货物之目的地。如果船舶前赴敌港,或于赴中立港之途中当寄泊于一敌港,则货物之目的地是敌性的。但如果船舶前赴中立港,而不寄泊于一敌港,则货物之目的地是中立的。一般的说,运往中立港之货物是安全的。但从陆地运输改良以来,情势已大变更。交战国可经由中立国境取得陆运之货物。中立货物之运往中立港者可以实际是运往敌国,因之,徒以其船舶之开赴中立目的地而假定货物之目的地为中立地,乃不是安全的方法。于是乃有所谓"继续航海说"。(doctrine of continuous voyage)

所谓继续航海说,起于十八世纪中英国捕获审检法庭的判决;此原系关涉一件与禁制品运送全然无关之事情,即:所谓"一七五六年的规则"(Rule of 1756)之适用。[②]

① Hershey, Essentials of International Public Law and Organization. pp. 705—710.

② 所谓 Rule of 1756,是关于禁止中立国船舶从事敌方殖民地贸易(平时不许他们从事者)之规则。当时英法在战争中,法国将其本国与殖民地之航海贸易对荷兰船开放,英国拿捕荷兰船,视为加入法国航运势力。参看 Hall, International Law, pp. 759—761.

但在美国南北战争中，美国捕获审检法庭将继续航海说应用于禁制品之运送。船货之在其赴中立港之途中被拿捕者，如其表示此项货物有一个最后敌性的目的地，如其起卸在中立港后他们将或由海路，或依陆路转运给敌人，则判定没收之。船舶起初开赴中立港之航海及货物后来转送往敌国之运输，视为继续的航海。英国自始即承认继续航海说适用于禁制品。从美国南北战争以后，此说为意大利捕获审检法庭应用于阿比西尼亚之战役，而为俄国捕获审检所应用于日俄战争。南非战争本可给予许多关于此说应用之案件，因为杜兰斯洼未有海岸，禁制品惟经由中立国土始可达到彼处。凡禁制品前往杜兰斯洼者，如其被捕于海上，必是有中立目的地的。但此战争未发生何等实在案件。有些德国船舶以运送禁制品之嫌疑被截留，但未被处罚。而在英政府与德国之交涉中，英政府拥护继续航海说。

千九百九年之伦敦会议，采用一个折衷案。伦敦宣言仅将继续航海说适用于绝对禁制品。伦敦宣言第三十条规定：绝对禁制品，如其证示系运往敌国领土或敌国占领地或敌国军队，当被拿捕，至于货物之载运是直接的抑或尚须换船装运或接续陆运，则非所问。

而第三十条规定之目的地，于下之二场合完全证明：（第三十一条）

（一）船舶文件上指定此货物在一敌港起卸，或交渡于一敌方军队。

（二）船舶只开往敌港，或于开抵货物指定起卸的中立港之前须停船于一敌港或会合敌方军队。

伦敦宣言关于条件的禁制品，未采行继续航海说，惟在禁制品运往无海岸的国家之场合,则认为例外。依该宣言第三十三条,条件的禁制品,如证示其系运往供敌国军队或政府机关之用,当被拿捕。而依第三十四条,在货物指定向敌国官宪运送,或向一住在敌国而素以为敌人承办此类物品著名的一商人运送之场合,则第三十三条所指之目的地,假定为存在;而在货物向敌之要塞地方或向其他充敌军根据地之地方运送之场合,同一之假定亦成立。但此条之规定,许当事者为反证。宣言第三十五条规定:条件的禁制品,除其发见于一个开赴敌国领土,敌国占领地或敌国军队之船上,而不在一个中间的中立港起卸外,则不得被拿捕。但第三十六条复规定:如敌国未有海岸,则条件禁制品如证示有第三十三条所指之目的地(即敌国军队及政府机关),则可被拿捕。

然而伦敦宣言之折衷的规则,在欧战中未为协商国所采用;而继续航海说同适用于绝对禁制品及条件禁制品之绕道间接运送者。

以前关于运送禁制品之处罚,在理论与实例上,均未立有划一之规则。英国过去的惯例是:绝对禁制品当被没收,而船上之无害的货物,即非禁制品之货物,如其与禁制品同属于一个货主,则亦当没收。运送的船舶如属于禁制品之货主所有,或携带欺伪文件,则亦当被没收。条件的禁制品则常不被没收,而有时受所谓"先买权"(the right of pre-emption)之处分,即英国政府照货物原价加百分之十以买收此项货物,而运送之船舶则受领运货。交战国于此究仍保有没收此项禁制品之权利,不过自己放弃而不行使之耳。

一九〇九年之伦敦宣言,在其第三九至第四四条中,对于运送禁制品之处罚问题立有规则。依伦敦宣言,凡禁制品,不论是绝对的或条件的,可被没收。

如果一船所载的禁制品，任就其价值，重量，体积，或运货上计算，均构成船上载货之半部以上，则此船亦可被没收。但无论船上的非禁制品与禁制品成何比率。凡非禁制品之与禁制品同属于一货主者，亦可被没收。

第三节　封锁

封锁（blockade）为交战国军舰所行使之战争行为，所以防止船舶开到敌国海岸之一定的部分或从彼处开出者。换句话说，封锁是说交战国军舰阻障敌国海岸或其一部分与海外交通之路，以防止一切国家船舶之出入。

封锁不可与围攻（siege）混同：围攻之目的在占取被围之地方，而封锁则只在断绝敌方海岸与外界之海上交通，尤其商业交通。敌方的一切商务，不论是输出或输入，亦不论是无害的货物或属禁制品之输送，均因封锁而被断绝。

战时封锁须与所谓平时封锁（pacific blockade）分清：前者为战争之行为，后者仅为平时处决国际争议之一种强制手段，两者之法律的效果不同。尤其对于中立商务之关系上，前者直接影响中立国商业利益，后者一般的认为不能妨害中立商务。

封锁之原则首先规定于一八五六年之巴黎宣言，即；封锁之有拘束力，必须是有实效的。然除此以外，别无关于封锁之协定的规则存在。关于封锁之原则之应用，各国惯例亦殊纷歧。尤其英美惯例与大陆国家惯例久成一好对比。一九〇九年之伦敦宣言，规定有封锁之规则（第一至第一二条），此为第一次树立划一的规则之企图,算是供给了我们一部封锁法规。但是伦敦宣言是未被批准的,而在欧战发生之初,协商国会略为变通,采用此宣言;然而英国依一九一六年七月七日之枢密院令(The British Maritime Rights Order in Council)及法国同样的命令,完全抛弃此宣言;因之此宣言中规定之封锁规则,亦无拘束力。

不过欧战以前,关于封锁,究有些公认的惯习的规则。兹将此等规则,分别举出如下:

一、封锁必须宣布而且通告。

封锁不是随战争发生之事实当然成立的。大陆学者始终认定通知于树立封锁为切要。至于英美及日本之学者则不认通知为切要,虽则他们承认中立船之知道封锁存在,于其构成破坏封锁而受处罚,为必要之理由。

至于各国的实例,则通常由树立封锁之舰队司令官,通告被封锁的海岸或港口之地方当局及当地中立领事。又常有施行封锁之政府,以外交的方法通告封锁之事实于中立国家。而有些国家如法国意大利者,则常命令其行使封锁之军舰,对于开近之中立船舶各给以特殊的通告。但英美及日本不认通告于树立封锁为必要。

伦敦宣言规定,凡封锁欲有拘束力,须具有宣布(declaration)与通告(notification)之两重手续。(第八条)

封锁之宣布,是说一个有权的机关发布一个宣言,说封锁成立或将成立。以前系舰队司令官任宣布封锁之责,而今则以交通之便利,封锁之宣布通常由交战国政府自己为之。在封锁之宣言上,当明记封锁开始之日期,封锁的海岸之限度,及许中立船出港之期限。(通常为十天至十五天,而在欧战时,则此期限极短,有四天的,有三天的,亦有两天的。)依伦敦宣言,则如果宣言未明载有中

立船之出港限期，他们即许自由出港。（第十六条）

通告是将封锁的宣言使中立国或其他关系人等知道，通告有两重手续：（一）由交战国对于一切中立国政府之通告，此所以使他们得通知本国商船以封锁成立之事；（二）由行使封锁的舰队司令官对于被封锁的港内地方当局之通告，他们当以此转告中立国领事。依伦敦宣言第十一条，此两项通告于使封锁有效力皆是必要的。

二、封锁必须是有实效的。

在十七十八世纪以至十九世纪之初，交战国常行使所谓"纸上封锁"（paper blockades）。此等手段现已不复认为有效，封锁欲有拘束力，必须是有实效的。依不充分的武力以维持之封锁无拘束力。关于此层，久已有一致之意见。拿破仑以所谓柏林敕令（Berlin at 一八〇六年）宣布封锁英伦三岛，然罕有执行封锁命令之军舰。又在一九一五年德国发表类似的宣言，而他只有潜水雷及潜航艇以为执行封锁之具。此等行为之为"纸上封锁"自不待说。封锁之须有实效，现已经一八五六年巴黎宣言及一九〇九年伦敦宣言（第二条）正式声明。实则在十九世纪之后半期，即令那些未加入巴黎宣言之国家，亦不否认封锁有具实力之必要。

封锁在何状态之下始为有实效，则规定于巴黎宣言（重采用于伦敦宣言），即：封锁之维持，必须备有如此的海军力，实在足以防阻船舶之近岸。然至于究竟如何方可以构成合于此规定之有效的封锁，学者则无一致之意见，而各国惯例亦不一。

伦敦宣言对于封锁何为有实效之问题，未立为具体的标准，而只泛说此问题是事实问题（第三条）。

三、封锁必须是公平的适用于一切中立船舶。

封锁之真正的存在，必是对于一切国家之船舶禁止出入。封锁之为战争手段，必其为一般的普及的封锁（universal blockade）。如果行使封锁之交战国而特许某一国之船舶入港或出港，则封锁不成立。但在特殊的情势之下，中立国船舶可许其通过封锁线，例如天候险恶。伦敦宣言第七条规定，中立船如认为有危急情状，可许其入封锁港，而且后来再许出港，但不得在彼处装货或卸货。

又中立国军舰可以许其出入。伦敦宣言第六条规定，封锁舰队司令官有许军舰出入封锁港之自由。

四、行使封锁舰队之军舰如依天候险恶以外之理由撤退则封锁认为解除。

徒然宣布树立封锁是不足的；封锁是尚须维持的。如果封锁解除，则当重行树立，而须履行一切必要手续。但依传习，如值封锁舰队因为天候险恶暂时撤退，封锁不认为解除。伦敦宣言第四条采此原则，而规定之。但此条是限制的性质，即说，天候险恶是唯一的可举为不得已撤退封锁舰队之理由。如封锁舰队以其他理由撤退，则当视为封锁解除。

五、船舶必须是确知有封锁之事实而后可以拿捕。

关于此层，各国的惯例不同。依英美惯例，如果船舶之离开中立港系在封锁之事已经通告中立国之后，而有余裕俾此通告传到该港，则此船可假定为知道有封锁之事。而依法兰西的惯例，对于中立国之通告不能即代替向每一船舶给予特殊警告之必要。此项特殊的警告及其给予之地点及日期，当记载于“航海日志”上。船舶惟有于接到特殊的警告之后始得为破坏封锁被拿捕。如果封锁宣言已经通知于被封锁的港内官吏，则在港内之船舶当假定为知道封锁成立，而如经过出港限期之后再谋通过，则当被拿捕。

伦敦宣言采行英美之惯例，其第十四条规定，中立船之是否得认为破坏封锁而被拿捕，只看他是否知道封锁之事实成立，而第十五条则谓如果封锁已经通告中立国，而通告经过有充分的时期，可以传达于一定的中立港，则其后开离该港之船即当假定为知道封锁之事实。

六、除非船舶实在向封锁港进行，不得视为破坏封锁而拿捕之。

对于“自由港”或“非封锁的港”之航海，不能因为其嗣后的航海是往封锁港而说是有罪。换句话说，继续航海说不适用于封锁。

但英美惯例似将继续航海说亦应用于封锁；依英美惯例，则值一船舶虽表面系向中立港或非封锁港航行，而实际则意图于停泊彼处之后再行继续开往封锁港，则此船犯有破坏封锁之罪。

伦敦宣言谋对于封锁破坏之问题，立为确定的规则。第十九条规定，不论船舶或其载货之最后目的地如何，他如其时系正向非封锁港进行，则不得视为破坏封锁而拿捕之。

但伦敦宣言未批准，欧战中交战国关于封锁权利之行使，有趋于反动之倾向。在一九一六年三月，协商国宣言继续航海或最终目的地之原则适用于封锁。

七、执行封锁的军舰不得阻拦中立港口或中立海岸之进路。

此项原则规定于伦敦宣言第十八条，殆为该宣言第一条（即封锁限于敌人所有或所占之海港海岸）之补充。此于保护中立商业之利益为必要。封锁既是战争之动作，不应当对于中立港行使，即令此中立港于供给敌方交战者之物品上占重要地位。

八、船舶虽向封锁港进行不当在离该港距离过远之地即拿捕之。

依英美惯例，在远距离捕拿破坏封锁之船是可行的。但主张加以制限之思想渐成长。伦敦宣言规定中立船惟在实行侵入封锁军舰之动作区域始可被捕拿。不过所谓“动作区域”（area of operation）之语义亦不确定，可以有种种解释。又依宣言第二十条，船舶惟在被行使封锁之军舰继续追赶中，方可拿捕；依此条，则破坏封锁之船舶，无论是否尚在舰队动作区域内，如果追赶继续未断，仍可拿捕。但如果追赶中止，或封锁解除，则此船不得再被拿捕。

九、对于破坏封锁之处罚为没收其船舶。

在原则上船上的货物亦须没收，除非货主能证明在装货之时，并不知此船有开往破坏封锁之意思。此为战前英美的惯例，而伦敦宣言第二十一条亦采此原则。

第四节　非中立的役务或敌性的帮助

一般的说，中立商船之运送禁制品及破坏封锁，可说是对于一方交战国之敌人供给助力，而依此理由，因他们的行为而受害之交战国，有处罚他们之权利。但尚有其他场合，表现对于敌方之帮助特别明白，而性质亦不同者；关于此等场合，有为特殊规定之必要。国际法学者在伦敦宣言以前，即使用“非中立的役务”（unneutral service）之名词，指称一种特殊敌性的帮助，以别于通常运送禁制品及破坏封锁之事情。向来认为属于此项非中立的役务，而交战国得防止之者，为敌方人员之运送及信息之传达。

依惯习的规则，交战国可以禁止中立船为敌方传送有害的情报，所谓有害的情报是指那些从敌国送出或送往敌国之政治的情报,尤其是关于战事之情报。关于此层,承认有两个例外:(一)所谓有害的情报,限于敌国与其在外国之军事人员间或非公式的代理者之间之一切情报。至于敌国与中立国政府相互间之通信及敌国与其在中立国之公使,领事等之通信,则不在禁止运送之列,因为中立国有继续与两方交战国维持交际之权利。(二)中立国邮船装运一般信件,内中杂有有害的情报,不算是从事于非中立的役务,因为邮船之任务在运送信件,而不在查察其内容。并且海牙条约第十一编,明白规定,邮政信件,不论公私,概不可侵犯,不过依以前的规则,交战国可以差押船上有害的情报,今依海牙规则,则不仅船舶不受处分,即此类有害的信件亦不容扣留。

即令船舶载运有有害的情报,然仅以装运往敌国或由敌国运出之事实尚不能认定其为敌方服非中立的役务。必定是船舶之装运有害的情报,不是以通常运送的邮船之资格,而是依其与敌方所为的特殊的协定,此船乃可认为犯有从事非中立的役务之罪。

所谓有害的人员为交战国所可以禁止中立船装运者,系指一切敌国政府下文武官吏人等,及那些预备加入军队之人等。但敌国外交代表之派赴中立国者不在此例。

虽然,仅以敌人在中立船上之事实,不能即以证明此中立船为敌方运送人员,从事非中立的役务。在此场合,要断定中立船系从事于非中立的役务,必须是此船明知其人之性质而仍装运他们,因为如是则其行为是为敌人服务,或者是此船系直接被敌国雇用,以运送关系之个人。如果中立国客船载有敌方人员,而系依通常的方式订有舱位者,则此船不算是从事于非中立的役务。交战国究有捕去此等人员之权利。但依惯习的规则,交战国派往中立国之外交代表不得捕去。此项例外之重要,可于美国南北战争中之 The

Trent 案见之。①

一般的说，如果一只中立船由交战国雇用，或立有特殊协定为之装运有害的人员，或者船上装有此等人员而其舱位由敌方人员代为购定，此船即犯有从事非中立的役务之罪，他成为敌方之运送船。

伦敦宣言关于此问题有详细的规定；第四五至第四七条，于非中立的役务或敌性的帮助（unneutral service or assislance hostile）之项下，其所包括者，不仅中立船为敌方装运人员，为敌方传送情报之场合，并且包括有直接参加战斗及其他敌性行为。伦敦宣言分出两种非中立的役务。在第一种非中立的役务中，又分出两项场合：（一）其进行中之航海系特别为输送敌方军队所属之乘客，或特别为敌人的利益传送情报；（二）船主或船长知情而输送敌方军队之一部队，或在航海中直接帮助敌方动作之个人。在（一）之场合，说“特别”（especially）者，是表示船舶离了他的通常航海任务之意思，例如变更航程，或为装载上项乘客而停泊他通常不停泊之港。

在第二种服务中，分出四项场合：

一、中立船直接参加战斗动作　此条规定之意义甚广泛。可出以种种的方式，例如做敌方舰队之向导，为敌方敷设水雷等，而其结果船舶失却中立性而取得敌性。

二、中立船上有敌方政府所任命的代理人而此船受其命令或监督以航行者　此种代理人之在船上及船舶依其命令监督以航海之事实，足证明此船构成敌方势力之一部分。

三、中立船全部为敌国政府所雇而因之完全听其使用者　敌

① Hall, International Law, pp. 830 – 835.

国政府可将此等船舶用诸多少直接与战事有关之目的，尤其用作运送船。例如在日俄战争中，德国船舶之伴随俄国开赴远东的舰队为运炭船，即属于此类非中立的服务。

四、中立船当时专供运送敌国军队或为敌人传送情报之用者

此场合与第一种非中立役务之（一）项不同：在后者之场合，船舶只尽一次特殊的役务；而在前者之场合，则船舶当时完全且继续的供非中立的役务之用。为此理由，此船失却中立性，而成为敌方商船队之一部分。在服务继续之期中，此船可以拿捕。即令在交战国军舰搜查他之时，他适未载运军队或传送情报。

关于非中立的服务之处罚，伦敦宣言与惯习的规则无大差异。依惯习的规则（伦敦宣言亦采用之），中立船如表示有对敌方从事非中立役务之嫌疑，可被捕拿。捕拿可于公海及交战国领海之任何地点行之。

依伦敦宣言以前的实例，中立船之为敌方运送人员或情报而被捕拿者可被没收。且依英国惯例，凡属于船主所有之那部分货物亦同被没收。

伦敦宣言第四十五及第四十六条规定，凡属为敌方服非中立役务之船舶可被没收，而被没收的船之船主所有的货物亦当被没收。第四十七条规定，虽则中立船未犯有应被没收之行为，而交战国政府固仍可拘留在船上之敌方军队中人员为俘虏。至于敌方情报之在船上者如何处置，则第四十七条未之说及。

伦敦宣言对于两种非中立的服役所加之待遇设有差别。因犯第一种非中立役务（第四十五条所列举之两项）而被捕拿之船，与载运禁制品之船同一待遇。此船不失去其中立性，而在原则上须提付捕获审检所。

而在他方面，则凡犯第二种非中立的役务（第四十六条所列举之四项）之船舶，待遇同于被捕获之敌国船舶。此等船舶取得敌性。因之凡属在船上之敌货可被押收。而宣言第四十八条，第四十九条关于中立船破坏之规则于此不适用。

不过伦敦宣言是未批准的。在欧战发生之初，协商国采用宣言上关于非中立役务之规则；迨至一九一六年七月，他们抛弃此宣言之全部；从彼时以后，一九〇九年伦敦海法会议以前通行之惯习的规则又再适用。

第五节　临检搜索权及护送权

临检搜索　交战国为执行交战国之权利，防护他自己的利益，有时须在海上停止中立船舶，查察此等船舶是否真为中立国船，或其是否从事于破坏封锁，运送禁制品，或服非中立的役务。交战国此项权利，特名为临检搜索权（right of visit and search）。所以临检搜索权不是一种独立的权利，而仅是交战国原有的防禁中立船破坏封锁，运送禁制品及为非中立的服务之权利之执行的手段。

临检搜索权之发生甚早，虽则曾常有否认之者，然此项权利从十七世纪以来已经确定，而国际实例一般承认之。

临检搜索权可由交战国一切军舰及军用飞机行使之。但因为此是一项交战国的权利，此惟随战争而发生，于战争中始能行使之。战争状态是临检搜索权存在之要件。平时一切国家之军舰，对于有海盗嫌疑形迹之船舶行使检查，另为一事，与战时交战国之临检搜索权无关。临检搜索权可以行使之地域，为交战国任何一方之领海及公海，但不能包括中立国领海。

在十九世纪中，一般承认，中立国军舰不能为交战国临检搜索权之标的物。

护送舰 与临检搜索权相对待者，有所谓护送权（right of convoy）。十七世纪以来，即有中立国要求派军舰护送本国商船，因而令此等商船免受交战国军舰检查之权利。在十八世纪之后期，护送权乃日益为大陆中立国所要求。在一七八〇年与一八〇〇年之间，有许多国际条约订立，俄、奥、普、丹麦、瑞典、法、美及其他国家，皆依此等条约承认中立国之护送权。但英国始终拒绝承认此权利。在克里米亚战争中，因为谋与法国合作之便利，英国特为那一次战争放弃其主张。虽则在十九世纪中，规定护送权之条约缔结者日多，此项权利未规定于一八五六年之巴黎宣言，而英国于此世纪中始终拒绝承认之。及至一九〇八——一九〇九年之伦敦海法会议，英国始放弃他的反对主张，而伦敦宣言依第六十一条、第六十二条，解决了护送权问题。

依伦敦宣言第六十一条，凡由其本国军舰护送之中立船免受检查。然而伦敦宣言是未批准的，而自英国政府在欧战中之态度视之，则似他不肯再维持他在伦敦会议之让步，承认护送权。在欧战中，为拒绝承认护送权，英国曾与荷兰发生争执。于是关于护送权，至今仍未有确定的一致的规则。

一方面交战国有执行临检搜索之权利，在他方面，中立船即有服从临检搜索之义务。如果中立国商船抵抗交战国军舰执行此权利，可即时捕拿而没收。究竟惟船舶自身抑或其载货均可没收，是一争论之问题。依英美惯例，货物连同船舶均可被拿捕。但大陆学者极力反对之，而主张惟有船舶可被拿捕。依伦敦宣言第六十三条，凡对于临检搜索权或拿捕之执行而行抵抗之船，概被没收，此船依其强制的抵抗取得敌性。如是则凡在船上属于船主或船长所有之货物可看做敌货没收之。在船上之敌货亦被没收。

依向来的惯例，且依伦敦宣言，仅以中立船谋逃避临检搜索之事，不算是构成抵抗。此处所指之抵抗，必须是强力的抵抗（formidible resistance）。

何谓“强力的抵抗”，则伦敦宣言亦未规定明白。无论如何，几于一切学者似均承认凡中立船依靠敌方军舰护送之一事实，即等于他们自己为强力的抵抗，而可被没收。

第六节　中立船之审检及破坏

如当一中立船犯有运送禁制品，破坏封锁或从事非中立的役务等项情事，虽被拿捕，但其地位与捕获的敌船不同，不是交战国可以自由处分的。

依惯习的规则，被捕获之中立船，务须速送往设有捕获审检所之最近港，交付审检。中立捕获物非经适当之法庭判定，不得认为依捕获而转移其所有权。

于是引起中立船可否由捕获者破坏（打沉或烧毁）之问题。英国学说及实例（美国略同）似均否认捕获者有破坏之权利。他们以为如其不能将捕获物送往港内审检，即当就地释放之。但其他各国态度不鲜明；有的国家法规笼统的说破坏捕获物，而不指明是否仅指敌人财产，有的场合则亦有明明主张破坏中立船之权利者。尤其日俄战中，交战者之俄国军舰惯行打沉中立船，引起英国的抗议。因之在一九〇七年第二次海牙会议，讨论到此问题而无结果。一九〇八——一九〇九年之伦敦海法会议，又议及中立船破坏问题，其结果有一妥协的解决成立，规定于伦敦宣言之第四十八条至第五十四条。[①]

伦敦宣言首即标明中立船应送付审检而不许破坏之原则（第四十八条）。但例外的亦许捕获者破坏中立船，如其此船当被没收，而且如将此船送付审检，将致危及军舰自身的安全或其时作战行动的成功（第四十九条）。在实行破坏中立船以前，船上人员须置于安全地方，一切船舶书类及其他关系人认为于判定捕获效力有关之文件，须移置于军舰。（第五十条）

如果中立货物本不能没收者而随同中立船破坏，货主有向捕获者要求赔偿之权利（第五十三条）。在此场合，货主要求赔偿之权利是绝对的，此节说：他可不问破坏行为本身之合法不合法。

然而伦敦宣言未批准；在欧战中德国潜航艇之大规模的无制限的打沉中立船，已将伦敦宣言的精神根本打消，重新引起关于中立船地位之全部问题。[②]

---

① La rence, Principles of International Law, pp. 465 - 470.

② 在一九二二年华盛顿会议，英、美、法、日、意五国订成一约，禁止用潜航艇为破坏通商之工具。此约如经一般加入，潜航艇不复能破坏中立船。但此约今成具文，因为原缔约国都未批准。一九三〇年之伦敦海军会议，在四月二十二日签订五国海军协定，其第二章立有潜艇攻击商船所应守之限制。

第二十二章　战争之终局

第一节　战争终止之方式

一般的说，战争可依下之三个方式以终止：

一、依军事停止而告终

交战国可单依双方一致停止军事动作，而回复他们相互间之和平状态。在此场合，双方交战国不继续战斗行为，而自然的返于平和状态，并不正式订立何种和约。此虽不是常规的终结战争之方式，然在历史上亦不乏先例。例如在一八六七年法兰西与墨西哥间之战争即如此终局；而一九一九年以后中德间及美德间战争之告终，亦其一例，因为中美两国皆未接受巴黎对德和约。中国于一九一九年八月由议会通过一案，宣言回复对德平和关系；而美国总统则于一九二一年七月裁可两院之决议，宣告恢复对德平和。

单依军事的终止以恢复平和，易于发生困难问题。前之两交战国之关系及其人民相互间之关系殊不确定。既无正式的和约明载平和条件，于此有一个问题，惹起争论，即：究竟是战争发生以前的两国关系之状态当复元，还是战斗终止的时候存在于两交战国间之状态当维持？大多数学者主张后项解决；他们以为战斗终止的时候两国间存在之状态即依此战斗停止之事实而被默认，因之当为两国将来的关系的基础。如是则假定交战国一方在战斗终止时尚占领有他方之土地，战争如果就此告终，他可以合并此等占领地。

二、依一方交战国完全屈伏于他方而战争告终

有时一方交战国完全破灭他方之军队，而占领其土地，最后乃合并其所占领之地以灭绝此国之独立的政治生命。在此场合，战争可不依和约而当然告终。历史上亦不乏此等事例。一八六六年普鲁士于普奥战争中征服 Hesse，Hanover 诸国而合并之，普国与此诸国间之战事当然告终。一九〇〇年至一九〇二年的南非战争之终结亦依同一之方式。

三、依和约订立而战争告终

虽则战争有时单依军事停止而告终，虽则依敌国灭亡而战争告终，亦不是罕见之事，然而战争终局之最普通的方式，还是缔结一个和约。和约（treaty of peace）是一种外交的协约，交战国依以正式宣告他们相互间之战事告终，而规定他们的平和友谊关系回复之条件者。公法家多称和约为战争终局之常规的方式；因之有特别讨论之必要。

第二节　和约

虽则交战国愿依和约以终结战争，但他们不必能即时决定一切条件。因之于正式和约缔结之前，常订有所谓预备和约（preliminaries of peace）。预备和约自身即是一个条约，所以包载交战国间

协定之切要的讲和条件，以为正式和约之基础者。在此场合，战争依预备和约以告终，而代替此预备和约之正式和约，则随后从长议订。

预备和约自身既是一个条约，于缔约国双方有拘束力，而是要批准的。

在预备和约中，常规定将来正式和约谈判之地点；因之正式和约订结地点常与预备和约之成立地方不同。例如奥大利与法兰西，萨地尼亚之战争，依一八五九年七月十一日之 Preliminaries of Villafranca 而终结，而其正式和约，则于一八五九年十一月十日缔结于 Zurich。奥普战争依一八六六年七月二十六日之 Preliminaries of Nicholsburg 而终结，而正式和约则于八月二十三日订立于 Prague。普法战争先依一八七一年二月二十六日之 Preliminaries of Versailles 结局，而继之以一八七一年五月十日之 Peace of Frankfort。

但一九一八——九一九年欧战结局，仅于一般停战协定之后，继以正式和约之缔结，而中间未经过预备和约之程序。协商国与德国之停战条约，签字于一九一八年十一月十一日；而其正式和约（Treaty of Versailles）则随即于一九一九年六月二十八日签订。

国际法关于和约之形式未有一定的规则；和约可以口头缔结，亦可以文字作成。但以其性质之关系重要，当事国通依文字作成和约，而从未见有口头和约之例。

通常和约中可分出数个不同的部分。除一般条约通有之"前文"（preamqle）以外，和约中可分出普通的，特殊的，及附加的条款。普通的条款是说一切和约通有之规定，例如关于战斗行为终止之期日，及释放俘虏等事。

特殊的条款，是指某项和约之特有的条件。此等条款差别甚大，完全随各特殊战争之情势而定。其中有两项最重要的而常见于和约中者，为割地及赔款之条款。

附加的条款系关于普通的及特殊的条款之执行之规定，或载有缔约当事国之保留及其他特殊声明者。

有时亦有追加的条款（additional articles），此系在一特殊条约中协定之条文，所以补充和约之规定者。在一九一九年对德和约签字之日，同时有一补充的议定书签字。

对于元首一般缔约权之宪法上的制限，于国际法为重要，而其关于缔结和约权之制限更为重要。因之和约之为元首缔结而违反宪法上的制限者，于关系国家不生拘束力，因为元首逾越权限。关于此问题之解决，各国宪法规定不同，而不一定宣战及媾和权同寄于一人之手。例如在美国，宣战之权在国会，而缔结和约之权则由总统得元老院之同意行之。在法国，总统宣战及订结和约均须得国会之同意。新德意志共和宪法，宣战讲和亦以法律行之。而在英国，则宣战讲和均属英皇大权。

除非约上别有明文规定，平和依和约之调印而成立。如其不被批准，战斗可再开始，而此未批准的和约视为停战条约。和约之执行较之一般条约之执行问题更为重大，为保证和约之执行，有时规定领土之占领。例如一八一五年联军之占领法国领土，一八七一年德军之占领法国领土，即其显例。一九一九年对德和约之执行，亦以协商国军队占领莱因河左岸为担保。

参考书目

A　关于国际公法原理者

C. G. Fenwick, International Law, New York, The Century Co., 1924.

W. E. Hall, International Law, 8th ed., by A. Pearce Higgins, London, Oxford University Press, 1924.

* Amos S. Hershey, The Essentials of Internatonal Public Law and Organization, revised edition, New York, The Macmillan Company, 1927.

* T. J. Lawrence, The Principles of International Law, 7th ed., by P. H. Winfield, London, Macmillan & Co., 1923.

* L. Oppenheim, International Law, 2 Vols., 4th ed., by A. D. MacNair, London, Longmans, Green & Co., Ltd., 1926—1928.

J. Westlake, International Law, 2 Vols., 2nd ed., London, Cambridge University Press, 1910—1913.

P. Fauchille, Traité dé Droit international public, 4 Vols., Paris, Rousseau et Cie, 1921—1926.

C. C. Hyde, International Law Chiefly as Interpreted and Applied by the United States, 2 Vols. , New York, Little, Brown & Co. , 1922.

J. B. Moore, Digest of International Law, 8 Vols. , Washington, Government Printing Office, 1906.

J. W. Garner, Recent Developments in International Law, Calcutta University 1925.

B 关于海牙规则及国际联盟者

* A. Pearce, Higgins, The Hague Peace Conferences, London, Cambridge University Press, 1912.

G. Butler, A Handbook to the League of Nations, 2nd ed. , London, Longmans, Green & Co. , 1925.

* F. Pollock, The League of Nations, 2nd ed. , London, Stevens & Sons, Ltd. , 1922.

A. S. de Bustamante, The World Court, translated by E. F. Read, 1926, New York, The Macmillan Company.

* A. P. Fachiri, The Permanent Court of International Justice, London, Oxford University Press, 1925.

C. Eagleton, International Government, New York, The Ronald Press, 1932.

C 关于国际成案者

M. Hudson, Cases and Other Materials on International Law, Minnesota West Publishing Co., 1929.

* P. Cobbett, Cases and Opinions on International Law, 2 Vols, 4th ed, Peace (1922), War and Neutrality (1924), London, Sweet & Maxwell.

L. B. Evans, Leading Cases on International Law, 2nd ed., 1922, Chicago, Callaghan & Co.

E. C. Stowell and H. F. Munro, International Cases, 2 Vols., 1916, New York, Houghton Mifflin Co.

A. McNair and H. Lauterpacht, Annual Digest of Public International Law Cases, 1925—1926, 1927—1928, London, Longmans, 1929—.

D 关于国际文件者

* T. J. Lawrence, Documents Illustrative of International Law, 1913, London, Macmillan and Co.

E. A. Whittuck, International Documents, 1909, London, Longmans, Green & Co.

M. Hudson, International Legislation, 4 Vols., Washington, Carnegie Endowment for International Peace, 1913.

E 定期刊物

* American Journal of International Law (quarterly), 1907—Washington, The American Society of International Law.

British Year Book of International Law. 1920—, London, Oxford University Press.

新旧译名对照表

	新	旧	页
Abyssinia	埃塞俄比亚	阿比西尼亚	43
Bynkershoek	宾刻舒克	边凯绍克	13;75
Bosphorus	博斯普鲁斯	玻斯佛拉斯	77
Congo	刚果	公国	31;39
Cracow	克拉科夫	克拉科	40
Danube	多瑙河	达溜白	72
Dardanelles	达达尼尔	鞑靼雷斯	77
Gentilis	贞提利斯	詹边利	9
Hanover	汉诺威	汉洛瓦	35
Hugo Grotius	胡果·格老秀斯	格罗特	7;9
Liberia	利比里亚	里倍利亚	30
Machiavelli	马基雅维利	玛基维尼	10
Meuse	默斯	麦仔	73
Messina	梅西纳	叙叙利	77
Oppenheim	奥本海	俄宾罕	54;90;128
Pufendorf	普芬道夫	普芬多夫	13
Scheldt	舍尔德	些尔德	73

Suez	苏伊士	苏彝士	78
Tilsit	梯尔西特	遏尔希特	57
	奥斯丁	俄斯丁	2
	威斯特伐利亚	卫斯特华利	5;10;125
	奥地利	奥大利	39
	爱尔兰	爱兰	34
	挪威	瑙威	30;34
	澳大利亚	澳斯大利亚	26;44
	加拿大	坎拿大	26;44;126
	查尔	查理	116
	罗斯福	卢斯富	144

周鲠生先生学术年表[①]

1889 年

原名周览,3 月 6 日出生于湖南长沙。

1901 年

13 岁参加科举考试,中了秀才。

1906—1911 年

留学日本早稻田大学,攻读政治经济科,此间加入同盟会。

1912 年

在汉口,创办《民国日报》。

1913 年

留学英国和法国,更名周鲠生(英文名:S. R. Chow)。先获湖南省公费赴英国留学,就读爱丁堡大学,攻读政法,获爱丁堡大学法学博士学位,学习成绩全系第一,获该校最高荣誉金质奖章。后又进入巴黎大学深造,获法国国家法学博士学位。

---

① 本年表由陈一周编写。

1921 年

欧洲回国,任上海商务印书馆政治经济部主任。

1923 年

任北京大学教授,兼政治系主任。在上海商务印书馆出版《法律》《领事裁判权》。

1926 年

任南京大学(即中央大学前身)教授,兼政治系主任。

1927 年

在上海商务印书馆出版《近代欧洲外交史》,上海太平洋书店出版《解放运动中之对外问题》。

1928 年

被南京国民政府大学院任命为武汉大学筹建委员会委员,参与筹建武汉大学。

1929 年

在上海商务印书馆出版《最近国际政治小史》,上海太平洋书店出版《不平等条约十讲》。

1930 年

任武汉大学教授,兼政治系主任,后又任教务长。其间首先对本科高年级学生和研究生采用习明纳尔(Seminar)教学法。在上海神洲国光社出版《国际政治概论》。次年在上海商务印书馆出版《现代国际法问题》。

1933 年

在上海商务印书馆出版《近代欧洲政治史》等。

1934 年

在南京中正书局出版《近代各国外交政策》,上海商务印书馆出版《国际法大纲》。

1939 年

赴美国讲学。其间出任太平洋学会中国代表;联合国成立大会中国代表团顾问。1944 年在中国驻美国大使馆用英文写出《赢得太平洋的和平》Winning the Peace in The Pacific 一书,在纽约出版。发表对东方战后计划和稳定太平洋区域安全的制度等问题的看法,受到学界和政界关注。

1945 年

回国,任武汉大学校长。

1948 年

被选为中央研究院院士。

1950 年

奉调北京，任外交部顾问，外交学会副会长。其间做过第一、二、三届全国人大代表；第三届全国人大法案委员会副主任；中华人民共和国第一部宪法起草委员会法律顾问。

1963 年

在北京世界知识出版社出版《现代英美国际法的思想动态》。

1967 年

在北京商务印书馆出版《国际法》上、下。

1971 年 4 月 20 日

在北京逝世，享年 82 岁。

1985 年

武汉大学设置"纪念周鲠生法学奖学金"，纪念这位中国著名的法学家、教育家、外交家。

1989 年

在北京，由外交部和外交学会共同主办"周鲠生先生诞辰一百周年纪念会"。

2005 年

"周鲠生先生铜像"在武汉大学落成。

透视国际法经典之作

孙尚鸿*

一、学贯中西，泽被我土

《国际法大纲》著者周鲠生先生（1889—1971），原名周览，湖南长沙人。自幼天资聪颖，13岁时参加科举考试，以文章位列秀才榜首，被人称为“神童周览”。不久废科举，兴新学，先生又于1904年考取官费新学，成为湖南第一师范年纪最小的学生。因成绩优异，1906年被保送到日本留学，先学实业，后入早稻田大学学习政治与经济。辛亥革命前夕加入中国同盟会，随后回国，受任在汉口参与创办《民国日报》，并任编辑。

《民国日报》因为抨击军阀专横，反对袁世凯独裁，报馆于1913年被查封，编辑人员被通缉。先生潜往上海，得到黄兴的支持和协助。同年7月，得湖南省公费资助，赴英国留学，改名周鲠生。就读爱丁堡大学，攻读政法，获法学博士学位，以学习成绩全系第一获该校最高荣誉金质奖章。在英国爱丁堡大学获得法学博士学位后，又赴法国巴黎大学深造，获法国国家法学博士学位。

---

* 国际法学博士，西北政法大学教授。

1921年底，先生学成回国，入商务印书馆当编辑，随后担任该馆编译所法制经济部主任。第二年应蔡元培之邀，担任北京大学教授和政治学系主任。授课之余，潜心于国际法学和外交史的研究以及文化教育工作。整理发表了《领事裁判权》等一系列学术著作和论文。北伐开始后，放弃北大教授职位，南下参加革命。1926年，广东国民政府筹备改组广东大学为中山大学，先生参加了筹备工作。北伐军占领南京之后，赴南京担任东南大学（后改名中央大学）教授，兼政治系主任。南京政府成立时，被聘参与制宪工作，后退出。1928年，与李四光、王世杰等人发起筹建国立武汉大学，被南京国民政府大学院任命为武汉大学筹建委员会委员，参与筹建武汉大学，从此与武汉大学结下不解情缘。1929年9月，先生应聘到国立武汉大学担任教授，兼政治系主任和法律系主任。同年任南京国民政府行政院参议。1936年7月任武汉大学教务长。1939年赴美讲学，并担任研究工作。1944年在中国驻美国大使馆用英文写出《赢得太平洋的和平》一书，在纽约出版，发表对东方战后计划和稳定太平洋区域的安全制度等问题的看法，受到学界和政界关注。1945年4月担任出席太平洋学会年会中国代表和旧金山联合国制宪会议中国代表团顾问。

1945年夏天，回国担任武汉大学校长兼政治系教授。1948年被选为中央研究院院士。兼任教育部学术审议委员会委员、行宪国民大会代表等社会职务。担任国立武汉大学校长期间（1945年7月—1949年8月），广揽贤才。抗战胜利后克服重重困难，学校由四川乐山复员武昌珞珈山，恢复农学院，增设医学院，使武汉大学成为拥有文、法、理、工、农、医的著名综合性大学。1949年初，何应钦赴武汉请先生出任国民政府教育部长，先生当面谢绝。

政府更迭后，先生拒绝了国民党的邀请，没有去台湾，留在大陆继续担任武汉大学校长，并任中南军政委员会委员兼文化教育委员会副主任。1950年起接受周恩来总理的邀请，赴北京任中华人民共和国外交部顾问，以后兼任中国人民外交学会副会长，并历任第一、二、三届全国人民代表大会代表和第三届全国人民代表大会法案委员会副主任委员、中华人民共和国第一部宪法起草委员会法律顾问。在外交部工作期间，笔耕不辍，发表了大量我国对外交往中急需面对的国际法学术论文，著成《现代英美国际法的思想动态》一书，对祖国的外交和立法工作做出了卓越贡献。

先生晚年抱病著述，写成约60余万字的《国际法》(上、下)一书，奠定了我国国际法学理论研究和教科书结构体系。该书将新中国所倡导的和平共处五项基本原则提升为国际法基本原则，深入论证了国际法基本原则的真谛，使传统的国际法发生了质的变化，对维护世界各国的领土与主权完整，维护国际和平与安全起到了重要作用。该书结合大量的国际法实例，系统地论述了国际公法的基本理论，是学习和研究国际法的必备参考书。被誉为世界国际法学中自成一派的法学著作，在我国的国际法学界具有权威地位。①

先生1971年在北京逝世，享年82岁。1985年，武汉大学设置"纪念周鲠生法学奖学金"，纪念这位中国著名的法学家、教育家和外交家。1989年，由外交部和外交学会在北京共同主办"周鲠生先

① 韩德培：《周鲠生先生生平、贡献和设置纪念周鲠生法学奖金的重要意义——在武汉大学法律系本科生、专科生、研究生大会上的讲话》，《法学评论》1986年第1期，第4页。

生诞辰一百周年纪念会”。2005 年,“周鲠生先生铜像”在武汉大学落成。

先生生逢中国和国际社会大变革时期,阅历丰富,学贯中西,视野开阔,见解深邃,注重理论结合实际,适时探究其时中国外交实践中存在的国际法问题和当前国际法研究的新动向,著述颇丰。自 1922 年在商务印书馆出版《万国联盟》以来,陆续出版《法律》、《领事裁判权》、《近时国际政治小史》、《近代欧洲外交史》、《不平等条约十讲》、《国际法大纲》、《现代国际法问题》、《国际立法的发达》、《近代欧洲政治史》、《近代各国外交政策》、《赢得太平洋的和平》、《日本暴行与国际法》、《战时外交问题》、《现代英美国际法的思想动态》、《国际法》等 30 余部讲义大纲和著作。在《太平洋》、《东方杂志》、《国立北京大学社会科学季刊》、《现代评论》、《国立武汉大学社会科学季刊》等著名杂志发表中英文论文和时评 300 余篇。丰硕的学术成果和睿智的外交策略,奠定了先生作为中国现代国际法学界创始人的地位,是学界公认的中国现代国际法之父。

先生是国际国内知名的国际法学者和法学家,是我国现代法学界的权威和我国现代国际法学界的泰斗。我国当代的国际法学者大多直接、间接受过他的教益和影响,真可谓桃李尽在公门。①

《国际法大纲》一书,是先生在北京大学授课时所编之讲义,“它的目的,在依简明的解说,供给初学者以国际法之基本的知识”。由商务印书馆于 1929 年初版发行,在 1933 年于武汉大学任教期间,对原版错别字予以订正,同时对附注及参考书目稍加补充

① 李谋盛:《周鲠生教授传略》,《晋阳学刊》,1988 年第 6 期,第 49 页。

后，相继由商务印书馆于1934年、1935年、1947年数次重印，被列为当时的《大学丛书》。本书也曾被日本东京帝国大学指定为国际法专业研究生必备参考书。鉴于《国际法大纲》之历史地位和学术影响，以及先生本人和本著与商务印书馆之间的深厚渊源，在首次出版近一个世纪后，由商务印书馆将其作为“中华现代学术名著丛书”再版发行，有着特殊的历史意义与学术价值，对推动我国国际法实践和教学与理论研究必有所裨益。

二、高屋建瓴，惠泽后学

《国际法大纲》一书，是先生的主要代表作之一，自商务印书馆首次出版以来，先后重印再版多次，是我国学者所撰写的首部国际法专著，早期出版时即入选《大学丛书》，曾被国内各法学院系广泛采用，甚至被日本东京大学指定为必备参考书，长期以来是我国学者编写国际法教材的基本依据。本书出版于国内外时局剧烈动荡之两次世界大战的间隙，一方面传统国际法规则正面临着严峻的挑战，另一方面，某些反应现代国际社会需求的国际法规则尚未成熟，这一特殊的历史情势，必然决定了先生对现实国际法实践的高度重视。加之先生深厚的国际政治与国际外交学术功底，即使是为国际法教学所需所撰写的简明教程，亦浸透着敏锐的学术智慧，对许多问题的分析一语中的，不无见地。纵使自撰成出版以来，国内外时局历经重大变化，有关国际法规则亦多有发展演变，今天读来，本书于后学亦不无启发。

本书之一大特点是简明扼要。诚如先生在1929年初版自序中所言，因其目的在于通过简明的解说，为初学者提供国际法基本知识，故而有关内容重在陈述确定的原则，避免争论之点。书中所述原则，大抵依据西方先辈学者的著作。然本书绝非是一般性地重述其时西方国际法学者的著述，而是恰如其分地注入了先生本人的见解，对许多问题亦有精到的分析。先生对有关国际法原则和法理分析的结构安排和用语都颇为简明扼要，通过正文不足20万字的篇幅，即系统勾勒出了国际法原理的全貌，给初学者以基本的认识。著者若非学识渊博、功力深厚、用语考究，断不能达到如此境界。

无论从语言之锤炼，观点之鲜明，及至结构之合理安排方面，此种写作风格，颇值当世学术著者，特别是教材编写者所仿效。

本书的第二个特点是参考文献丰富。作为中国国际法著作的开山之作，自然需更多地参考西方先辈著述与其他西文文献，同时亦须注重有关原理规则与中国对外实践之结合。本书在这两方面的表现堪称完美，足令后辈学者赞叹。毋庸说，本书诚可谓中国国际法教材编写之楷模与范本。

先生早年熟读经、史、子、集，先后留学日本、英国和法国，通晓日、英、法、德等多国语言，系统接受过西方国际法教育与学术熏陶，回国后又一直从事相关编辑、教学与科研工作，可谓学贯中西，学养深厚。有机会，也有条件在教学与科研活动中参酌大量西文文献。难能可贵的是，先生颇为重视西文文献的参考应用，并注意尊重他人的学术成果，参考文献引注亦很是规范。先生对参考文献的重视程度，从先生于重印序言中提及对“附注及参考书目亦稍加补充”可见一斑。

《国际法大纲》一书，除了参考其时有影响的西文国际法原理著作10部，有关海牙规则与国际联盟及其他国际文件的著作9部，有关国际成案的著作5部之外，还广泛参考了《美国国际法杂志》和《英国国际法年刊》各期。不要说在当时的教学科研环境下，即使是今天看来，作为一部教科书，能参考如此丰富数量的高质量参考文献，实属罕见。本书能被列为当时的《大学丛书》，确乎实至名归。与西方各国传统一样，大学教科书就应该是水平最高之智慧的结晶。

本著不仅参考文献丰富，而且拿捏得当，语言地道，与其晚年所著《国际法》一书一样，值得后学推崇仿效。特别是在教材编写中，更不能忽视西文参考文献的有机应用。惟有如此，方可确保视野的开阔性与所传授知识的延伸性。

本书的第三个特点是结构体例独特。关于国际法的结构体例和分割，学者曾从不同角度做过区分，有学者从国际法起源上着眼，将国际法区分为自然法与意志法两大部分，有学者从国际法内容出发，将国际法区分为战时法与平时法，亦有学者采用实体法与程序法的划分。先生赞成这后一种区分，认为"此项分法不仅较合于逻辑，而且在实用上亦殊便利。既然是承认国际法为一种纯粹的法学科目，自应分别真正的法律的实体与维持实现此法律此程序；前者为实体法，后者为形式法（或程序法）。此项分别存在于私法中。如此的分法，能将国际法包容的材料纳于两个性质分明的部分，分出一个简单明了的系统。"

基于以上见解，先生在《国际法大纲》一书中，将国际法首先区分为导论和本论。导论部分主要陈述了国际法之意义、国际法之性质、国际法之历史的发达、国际法之根据、国际法之渊源、国际法之分割。本论部分又区分为实体法与程序法。实体法部分主要述及国际法之主体、国际法之客体、国际交涉、国际交涉机关等问题,程序法部分则集中阐释了国际争议及其解决手段、战争等两方面的问题。此外,“依著者多年讲授国际法学科之经验,甚感国内学子不容易见到西文的参考文件”的实际,在全书最后还特别附录了有关国际文件,“以便教者读者之参考。”此种安排,至今仍有借鉴意义。

注重理论与实践的结合,可谓是本书的第四个显著特点。本书虽然是颇为简明之教科书,但为了使读者更能深入领会国际法的要义,更为真实地反应国际法的学科特色,先生援引了大量的案例和实证材料来说明问题。由此不仅增加了本书的可读性,而且也方便引导读者更深入地思考剖析有关国际法原理和规则。

三、法无常形,智者识之

如前文所言,本书撰写于上个世纪两次世界大战间隙,其时国际国内时局正值剧烈发展演变之际,传统国际法规则正面临着严峻的挑战,而其时的国际环境尚缺乏形成新的国际法规则的充分条件,许多国际法规则正处于深刻的发展变动之中。由此,虽然作者极为关注诸如国际组织法、国际争端的和平解决及其国际人道法等国际法的新发展,但无论如何,本书无以反应自第二次世界大战结束以来,因为新的国际格局的形成与联合国的建立,科学技术的进步与人类活动范围的扩展,人权观念的伸张以及人类共同利益理念的提升等诸多原因,所带来的国际法规则的发展与演变。毋庸讳言,本书不少内容已赶不上国际法的新发展,不能反映当前国际法的现状。然而,作为一部近一个世纪以前的经典名著的学术地位与可读性，我们切不能以今天的眼光轻易地加以否定。

本书之值得肯定之处，除了前述有关特点及其参考价值之外，仍主要在于其内容的可读性。就其内容而言，作为上个世纪二三十年代所撰写的国际法著作，其首要的价值乃在于其史料价值。通过阅读该书，不仅可透视其时的国际法规则，而且也还可以洞悉当时中国的外交状况及其对国际法的实践；其次，通过阅读本书，亦可使国际法研习者更为深入地认识国际法在近几十年以来的新发展，从而在某种程度上也有助于后学强化对某些问题进行深入研究的使命感；再次，书中所述不少国际法规则，至今仍有其生命力。不可否认，不少国际习惯法规则的形成与发展及至实质有效，都经历了一个过程。而当今有效之不少国际条约，原本确立在习惯规则基础之上。通过研读本书，自然会使读者对国际条约与国际惯例之间的关系，以及某些国际条约在国际实践中的拘束力能有更进一步的认识；第四，本书所述不少国际法规则至今仍有其生命力，甚至对诸如战争法规则等某些国际法规则的分析，从国际法教材意义上而言，至今仍属最为深入之列。

下文对《国际法大纲》一书主要内容或其中某些观点，依原书体例简要加以述评，以期对读者阅读本书有所助益。

(一)有所见地的导论

关于国际法的概念，在《国际法大纲》一书中，先生尚未如晚年所著《国际法》一样给出自己的定义，而是在导论部分援引奥本海等人的著作，简单地说国际法是规范国家相互关系之行为的规则。关于国际法是否为法律的问题，国内外学者不乏持否定立场者。

先生援引奥本海等人的著作正确地指出,“现代法学家,渐认为法律是国际社会内公认之规则,对于社会内各成员有拘束力。依此定义,则法律之存在不限于国家,而可推及于国家所组成之国际社会。社会之概念较国家之概念为广,国家是一个社会,国际社会也是一个社会。国内法是法律,国际法也是法律;则因为国际法乃是国际社会公认之行为的规则,而对于此社会内之列国有拘束力”。“文明国家的政府及议会自认在道义上均受国际法之支配。文明各国的舆论,亦无不认定国家在法律上有遵从国际法规之义务。此等国家不但是在诸多条约中承认国际法的规则有法律的拘束力,并且依国内法承认此项法律。”“国际法之违犯,诚是国际社会内亦有之事,尤其在战时惯见之。但违法者常力图证示他们的行为并不构成违法之事,而说他们依国际法有如此行动之权利,或至少亦说当时并未有何国际法规禁止此等行为。而在现代国际法社会,则已有一个增长的倾向,将国际法上之争论问题与一般国际争议,提交仲裁法庭或其他国际机关,求一法律的解决。此皆足以证示国际法被认为法律之事实。”①对国际法性质之如此认识,可谓一语中的,对后世吾国学者影响甚为深远。

先生之著作,颇为重视对国际法历史与学说的研究,先生在本书重印序言中即指出,学说的变动构成现代国际法极显著的趋势,自为治斯学者之不可漠视。尽管先生以为此类材料不适于列入专为初学者而编之教本,而当另为专著者研究之。先生在本书导论中,仍花了相当的篇幅研究了国际法的历史发展。先生并不完全赞成国际法为近代文明的产物之观点。而是认为在春秋战国和欧

① 周鲠生:《国际法大纲》,商务印书馆 1934 年重印版,第 3—8 页。

洲古代社会及中世纪,即有许多国际法规则。[1] 只是“欧洲古代社会尽管有国际法规则,但古代的人尚未看作国际的规则。他们以为此等规则是一般的拘束列国人民的,而不是说是拘束组合体之国家的。自他们视之,国际规则是一般的,共通的国内法,而不是国家相互之间之法,古代世界之国际法并未明白地成一个独立的体系,以别于国内法。中世纪的人关于国际法并未达到确定的观念。于是国际行为之规则乃与国内法规不可分别”。不过,说“国际法学起于近代,亦是的确的。从未见有古代国际法学著作传于今世者。在中世纪,诚征有国际法学之先兆:战争及战争规律,辄亦有人注意。但中世纪论战争之著作,大多肤浅,其所论述殊幼稚而无条理,不足以当学之名”。“将国际法定位一分明的独立的研究部分,而为有条理的说述,仅始于十六世纪之初头,宗教改革之后。格罗特不是最先讲国际法的一人,而是因为他的著作之效果。”“国际法自十九世纪上半期,于格罗特的书刊行以后,开始其新进的生涯,亦是的确的。近代国际制度可以说是从一六四八年卫斯特华里和约开始……”在分析了从宗教改革至卫斯特华里和约国际法之发展,并充分肯定格罗特等先辈学者之贡献的基础上,先生进一步探究了卫斯特华里和约对国际法的推动作用。由此正确地指出,“近世国际法之成为一个活势力,影响于国际行为,实从卫斯特华里和约起始。卫斯特华里和约可以说是近世国际法之诞生期”。继而先生在评析自然法派、格罗特派及实在法派等不同国际法学派的基础上,就国际法的根据加以剖析。

---

① 见本书第5页。还见周鲠生:《国际法》,武汉大学出版社2007年版,第33—34页。

先生在本书中指出，“在近世国际法著作中，关于国际法的根据之学说，与格罗特及其先辈之学说有大差别。格罗特及其先辈学说，国际法大部分之有拘束力，因为其为自然法，依据其理性，而其小部分之有拘束力，因其是依据公认。换句话说，依旧来的学说，国际法的根据有两重：其主力的首要根据是理性，而其次的根据是一般的同意。”“近世学说则谓国际法全体只有拘束力，因为他依据于一般的同意。国际法之惟一的根据为 consensus gentium。此学说摒弃曾为主要的根据之理性，而将那向来属于次要的根据之‘公认’视为独重要。此项革命行于格罗特以后之三世纪中”。“近世国际法的根据是‘公认’，已如上述。然所谓公认，不是说国际社会内的一切国家均须明示的就各项规则一一承认之；如此的公认决不能成事实。”“……国际社会内之国家，不能随时宣言不再服从国际法上某项公认的规则。此部法规只能依列国同意以变更，而不能徒以任何一国之单独的宣言变更之。此项原则不仅适用于习惯的规则，并且适用于依造法的条约而成立之协定的规则。”

至于国际法的渊源，先生所下定义颇为恰切，即国际法渊源是指国际法的规则所依以成立之方式或程序。因为该著问世之时，尚未如先生晚年所著《国际法》一书，和大多当今国际法著作一样，有关国际法渊源的见解深受《国际法院规约》第 38 条的影响，①相

① Ian Brownlie, *Principles of Public International Law*, 7th ed., 4 – 29 (Oxford University Press 2008); M. N. Shaw, *International Law*, 6th ed., 70 (Cambridge University Press 2008); Samantha Besson, Theorizing the Sources of International Law, in *The Philosophy of International Law*, Samantha Besson and John Tasioulas (eds.), 164 (Oxford University Press 2010); Shabtali Rosenne, *The Perplexities of Modern International Law*, 27 (Martinus Nijhoff Publisher 2004).

反先生“从实在法派之见地观察,国际法之根据在于组成国际社会的列国之公认。国际法全以文明国家公认之原则与规律构成,于是则凡一切的方式为”公认“所依以表白者,即是国际行为的规则所以成为国际法之方式,即是国际法源。”“公认之表白,或是漠视的,即各国在一定的情事,继续依同样的方式行动;或是明示的,即列国缔结条约,订出行为的规则,相约将来共同遵守。换句话说,公认或是默示的表白于惯例,或是明示的表白于条约。惯例与条约是国际法之两种渊源。”除惯例与条约之外,其时学者所列举的诸如各国政府关于国际事务之文书,仲裁判决、有名的公法家学说等其他国际法源,“虽对于国际法之发达,多少有所贡献,让将他们与惯例及条约同视为国际法源,则是错误”。如此见解,实质上与《国际法院规约》第38条之规定,及至当今学者剖析并无二致。

当然,如果在国际法渊源之分析的基础上,能在导论部分进一步就国际法领域是否存在基本原则,以及何种规则可成其为基本原则的问题予以剖析,对于初学者进一步领会国际法的要义将不无助益。

(二)收放有度的实体法篇

国际法的实体法部分,主要关涉国际法的主体、国际权利与责任、国际交涉及交涉机关等几个方面。尽管在当时国际背景下,国际联盟已发展成为另一类国际人格者,但是主权国家无疑是国际法的基本主体,而诸如国际联盟等国际组织则是一类派生主体,因之即使是当今国际法论著中,学者们基本围绕着主权国家之权责来构建国际法体系,《国际法大纲》一书的实体法篇之框架体系也不例外。

1. 国际法之主体

(1)国家

在实体法部分,首先就权利义务承担者之国际法主体予以剖析,是最合理不过的安排。先生开宗明义指出,"凡属于国际社会之文明国家,皆是国际人格者,皆能为国际权利义务的主体"。接着先生从国家之观念(即国家构成要素),主权之性质,国家之承认等层面,就作为国际法主体的国家予以剖析。特别是依国家所享有之对内对外主权状况,将国家区分为常规的或完全的国际人格者,及变则的或不完全的国际人格者。"凡主权国,完全为国际法之主体,属于前者;凡非主权国,部分的为国际法之主体,属于后者"。为说明问题,先生进而特别就国家联合、部分主权国、永久中立国等不同类型国家的国际人格状况问题予以剖析。

此外,该部分内容还就自治殖民地、特殊殖民公司及罗马教皇等实体的国际法地位问题予以剖析。

注意到国际人格之变更与消灭对国家所享有之国际地位的影响,以及因一国领土主权变更所可能引起之国家权利义务继承问题在国际法中的重要性,本部分最后内容就此等问题简要地予以分析便是当然的选择。惟需指出的是,国家承认与国家继承往往具有关联性,本书将国家承认与国家继承问题,在结构安排体例上予以割裂,似乎有可推敲之处。

值得注意的是,尽管国际联盟等国际组织对当时的国际影响有限,但是从联盟之性质,联盟之组织,以及联盟之职务出发,先生已断定国际联盟即是一类国际人格者。先生之如此敏锐的观察力，着实令后辈学者所叹服。不过有必要指出的是，先生并未将此种观点贯穿始终，在其晚年所著的《国际法》一书中，即以主权为核心考量要素，强调国家是国际法的唯一主体。

（2）国家之基本的权利

基于对当时通说的认可，先生将国家基本权利简明地界说为国家以国际社会一分子之资格所享有，而不是特别基于何项国际协定的一种天赋的权利。注意到学者们对国家基本权利所存在的分歧，先生正确地指出，“基本权之明目当或有不当；然而在惯例上有许多国际权利义务向来被承认，而此等权利义务是国家以国际社会一分子之资格享有，而不出自何项国际条约，则意识不可否认之事实”。

尽管先生在本书中未如晚年所著《国际法》一书一样，将国家的基本权利归结为国家主权的当然引申和属性，依然颇为肯定地阐释了平等权、独立权、自保权、法权（即管辖权）等四项基本权利。注意到在不同历史时期和不同国际政治背景下，不同国家所享有的这四项基本权利会有所变异的实际，先生以发展的眼光，就上述四项基本权利中肯地予以剖析。

关于平等权，先生首先阐释道，国家平等主义创自格罗特时代，自始即得到一般的承认；尤其是在十八世纪中，公法学者瓦特尔更阐明其说。进而先生正确地指出，国家平等是说他们在法律上平等，某国或某些国家政治优势的存在，不能打消法律上的平等。不过先生在本书中似乎并不完全主张绝对的平等说。先生分析道，“现在公法学者之间，亦渐有对旧来绝对的平等说挟异议者。他们说，在国际社会，久承认有少数强国对于其他此等的国家居于高级的地位，已经形成一种法律的不平等。传习的平等说，不但是远于国际生活之事实，并且亦不必是国际政治的理想。现今国际联盟理事会之组织，已为法律上承认几个强国的优越地位之表示。则似国家平等说尚有改造之必要”。不过值得注意的是，先生在晚年所著《国际法》一书中，一改本书中还颇有些暧昧的立场，一方面强调决不能以国家在国际政治上所起作用的不同来否定法律上的平等，另一方面特别以《联合国宪章》有关国际法原则之规定，对那些反对平等原则的西方法学家的种种说法，予以驳斥抨击。①

独立权是一国不受他国支配，处理自己对内对外事务的权利，涉及国家主权之根本观念。独立权是主权国家之特征，凡属于国际社会之主权国家，以此资格，当然享有独立权。依独立权，一国有依自己的意思处置其事务之完全自由，不过独立亦不是说无限的自由。先生明确指出，“说一国是独立的，不是说他可以绝对的为一切他所欲为的事，而不受任何限制。即以属于国际社会一分子之事实，国家已对于外国限制自己行动之自由，因为他为他国及全体的自由之利益，负有不侵害他国权利之义务。而且国家可依国际协定负担种种的义务，多少束缚自己处理对外事务之自由。此种对于一国自由之限制，是否破坏了一国的独立，是程度问题”。

与独立权相对应，非干涉主义可以说是国际法之一基本原则，但事实上常见国家单独的或联合的干涉他国事情。因之有些学者说非干涉主义当时已经失效。注意到以种种理由所为之干涉对国家独立所可能带来的挑战，在教科书中明确有关法理尤为重要。就此，先生客观地指出：“‘非干涉’是国际法之通则，而干涉则是例

① 周鲠生：《国际法》，武汉大学出版社 2007 年，第 179—183 页。同书，上下二册本，由商务印书馆 1976 年第 1 版，1981 年第 2 次印刷。

外的容许的。国际法为保护国家之独立权禁止干涉，已成确定之规则；而在他方面，则此规则亦有例外，究不容疑”。先生进而分析道，“干涉可分为两种，其一为权利的干涉，其他为非权利的干涉。凡属权利的干涉，不算是侵犯独立，因为此项干涉是基于被干涉的国家所受之法律的限制。非权利的干涉，是那种干涉之在干涉国方面本来无权利行使者，此种干涉，在法律上说，是为侵犯国家独立权，但在有些处所，以特殊的理由，亦为国际社会所容许或原谅”。

为说明问题，先生援引奥本海国际法之见解，罗列了数项或是基于条约上的权利，或是基于国际法的一般原则而所为之权利的干涉。至于非权利的干涉，在实践中往往引发冲突或争议，先生就此亦谨慎地援引奥本海国际法的主张从三个方面予以说明：“（一）自卫的干涉。一国为自卫而干涉他国情事，在特种情形之下，虽侵犯独立，亦可原谅。（二）维持局势的干涉。此项干涉亦说是可以容许的。均势主义虽不是国际法的原则，而向来认为一种国际政治主义，于国际法之存在为不可缺的。如果一国过于强大，必致为所欲为，而不守法，其结果将破坏国际社会，而致国际法失其存在之地步。（三）人道主义干涉。列强曾依此理由行使干涉，尤其在土耳其屡干涉土国虐待耶教人民之事。此不能说国际法已经承认此项干涉权利；但国际舆论赞成此项干涉。人道主义的干涉，当事人慎重的行使，而出于共同干涉之形式”。

先生最后总结说，“干涉在国际法中为极复杂而多争论的一个问题。通常关于干涉之学说，多不免杂有政治的考虑，严格的从法律上说，不能盖认为确定的规则。而在国际联盟之新组织成立之今日，所有主权独立之观念皆在变迁的过渡时期，旧来干涉之学说，似要经过一番变更”。的确，自《联合国宪章》第 2 条明确规定，

“本宪章不得认为授权联合国干涉在本质上属于任何国家国内管辖之事件”以来，国际社会有关干涉的实践，已发生了深刻的变化，但先生如此见地，时至今日，仍有其现实意义。

关于自保权，先生强调指出，“国家当享有自保权；自保是国家最切要的权利，亦是他的最神圣的义务。一切国家皆有生存及自由发达之权利。国家根本的职分是在保持自己的生命及独立。为达此目的，积极地说，国家有使用他的所有资力为防御设备之自由；消极地说，他有绝对的对于外来侵犯行使抵抗之权利。”甚至“有时为自卫计，在危机逼迫之际，亦许有用武力于友邦领国之事，换句话说，为自保之目的，对于他国领土有些侵犯行为，亦例外的为国际法所容”。注意到此种自卫权之行使是种例外，先生特别强调，“……凡行使此种特殊的手段，必须绝对的满足两个条件：（一）或是在行使侵犯之时，已无余裕请求对方自己取必要的行动；或者虽经请求，而他不行为，或不能行为。（二）举动不超过绝对必要的限度”。

至于一国能否以自卫为由，保护在外人民之权利的问题，向来不无疑问。先生似乎主张，此种域外保护权利之行使，乃基于各国交际利益之所需，并非属于自保权的范畴。将域外保护与自卫权之国家基本权利相区别对待，无疑是正确的，值得引起当今理论研究和外交实践的重视。

管辖权或法权，亦是主权者所享有的一项基本权利。“一国主权包含着国家对于领土上之一切人或物行使优越权之权力，是为从地的优越权（领土主权）。主权亦包含着国家对于一切在国内国外的本国人民行使优越权之权力。”“管辖权亦可说是国家一种当然的权利。但是国家以国际社会一分子之资格，为相互的利益起见，其行使此项权力之自由，常有所限制。”除了国家元首、外交代表等在他国享有所谓治外法权，因而脱离所在国的法权之外，旅居海外之人同时受属地属人管辖权的制约亦需要求有关国家予以协调。

随着国家及其财产豁免制度的发展，打击国际普遍犯罪需求的增加，以及因为国家专属经济区、大陆架等法律制度的确立，管辖权制度自二战以来，特别是在近年来有了较大程度的发展。本书所述有关制度，乃主要为初学者提供一个相应制度的大概，而且也旨在反映当时的实践状况。

(3)国家之责任

国家责任根源于国际法的法律属性及其国家主权和平等权之原则，国家为其国际不法行为或不当行为承担责任，是国际法的应有之义，而非完全出自于国家之自由意志。

先生在批驳否定国家责任之论调的基础上，进一步就国家责任的根据及属性予以剖析。即“国家相互责任之根据，在于国家相互关系上有遵守正义的规则之必要。因为国际社会公共权利之不存在，事实上国家常得逃避责任，诚不可否认；然而不能因此即谓国家责任不存在。国家关于国际义务之责任，总是法律的责任；国家向来得依‘自助’之手段以厉行此种责任。凡有不履行法律义务，侵害国家权利之事发生，受害的国家得依报复手段，甚至战争，强迫彼加害国履行国际义务。国家责任已经一般的见于1907年关于陆战法规之海牙条约第3条。而今国际联盟规约且设解决责任问题之规定”。(第13条)

在上述分析的基础上，先生以引起国际责任的缘由，国家之国际责任区分为直接责任与间接责任两大类予以说明。最后还进一步分析了国家关于债务承担的责任问题。有关分析虽颇为简明扼要，但也勾勒出了国家责任制度的基本轮廓。

值得注意的是，本书问世以来，国家责任制度发生了较为显著的变化，首先是对以国家名义从事国际法非法行为的个人追究责任的问题，已逐渐发展为国家责任的一个重要组成部分；其次，国际法不加禁止的行为所引起损害后果的国家责任问题，越来越受到国际社会的重视；特别是因为《国际责任公约》的签署批准，当代国家责任制度已发展到一个更高的阶段。

2. 国际法之客体

国际法之客体，即国际法之权利义务指向的对象。可以认为，因为国际法主体的抽象性，国际法上所谓法律关系的客体，是一个不太严谨的概念，主要与国家生存和发展的空间相关联。

(1)领土

毋庸置疑，国际法权利义务指向的对象并不限于领土，然领土不仅是国家的基本构成要素之一，国际法上不少权利与义务，也直接或间接地与领土相关联。无论在一国国内法上，国家对其土地享有何种权能，就国际法言之，“国家对于其领土，享有统治权。亦且享有所有权。领土主权包含着领土所有权”。因为国家主权和管辖权惟有与领土相关联才有其现实意义，因之有关领土问题的探究，在国际法教学研究和实践活动中，有着首当其冲的重要意义。①

① M. N. Shaw, *International Law*, 6th ed., 487 – 88 (Cambridge University Press 2008).

“一国的领土，是指位于所谓国界之界限内，而受此国主权的支配之那部分地面而言。此处所谓地面，包含着空中区域及地下区域在内”。囿于当时的情势，先生在本书中主张，“一国领土包含着本土及殖民地，属地而言；但通常不包括所谓保护地，势力范围或属国在内”。

至于领土的构成，其时国际法学者的见解与当今国际实践并无二致，亦认可国家领土由领路、领水和领空等部分构成。为说明问题，先生特别就河川、领海和领空的法律地位问题予以分析。关于河川首先可区分为内国河川和国际河川。“内国河川如陆地然，完全受所在国主权之支配”。至于国际河川之法律地位，则经过了几个时代的变迁。“第一个时代是沿岸国对于所有的那部分河川，行使无限制的支配权之时代”；“第二个时代可说是‘同沿岸国’之共有时代”；“第三个时代是国际河川自由同行时代，在此类河川上，平时许一切国家的船舶同行”。

有关领海的法律地位问题，历来受到国际法学者的重视，本书亦对此着墨较多。先生在回顾关于海洋所有权或主权之历史变迁的基础上，在认可公海和领海之区别的同时，得出结论说，“现今海洋自由是国际法所承认的原则。”此种见解，最终亦为 1958 年《公海公约》和 1982 年《联合国海洋法公约》所确认。

对于领海的法律制度及其范围问题，先生结合当时各国实践，分别从沿海、海湾、海峡及通洋运河等四个方面予以阐明。分析起来，自 19 世纪中以来，学者所认可的领海之范围为三英里的主张，对先生之论述有着较大的影响。值得注意的是，除了领海宽度及其领海基线之起算点等有关方面与海洋法公约有所差异外，所陈述之基本法理，与半个世纪后国际社会所议定的《联合国海洋法公约》的规定颇为一致。

在赞叹前辈先贤之精湛学术见解的同时，我们亦不无遗憾地注意到，本书除了提及海洋自由原则外，对领海之外的其他水域的权利主张或法律地位问题的分析甚少，似乎这也在某种意义上反应了我国历来对海洋蓝色文明关注和利用程度较低的实际。当然我们也可以从另一个方面说，国际社会对海洋的利用及其海洋法律制度，在近几十年间，的确有了很大的发展演变。①

在领陆、领水之外，是否尚有领空的疑问，是20世纪初国际法的一个新问题。其时存在三种不同的学说，即空中自由说，空中共管说，以及空中主权说。先生认为，空中主权说最有力，而空中自由主义与国家之自卫不相容。

值得注意的是，因为当时受1919年巴黎《航空管理公约》的影响，本书在某种程度上支持空中之法律地位，类似于一国沿岸领海的主张，在强调各国空中主权的同时，亦认可他国飞艇有无害通过之自由。随着1944年芝加哥《国际民用航空公约》的签署生效，空中主权法律地位最终被作为一项重要的国际法规则被确认了下来。此外，在20世纪50年代以后，有关外层空间的利用及其法律地位问题，亦很快进入了人们的视野，从而使空间法发展成为一个新的国际法的分支。

最后，本书在领土部分，还简要地分析了因一国对他国领土的利用，而起之国际地役之法律制度问题。

（2）领土取得之方式

---

① David Anderson, *Modern Law of the Sea: Selected Essays*, 3 – 22 (Martinus Nijhoff Publishers 2008).

传统取得领土的方式主要有五种，即添附、时效、先占、征服和割让。

添附是指土地经过新的形成而增加，可以是自然的，也可以是人为的。添附一般被认为是一种原始取得领土的方式。

时效作为领土的一种取得方式，是指一国继续安然地占有他国土地，经过长久的时期，即取得该土地的主权。先生在本书中认为，“时效之在国际法上如此容许，是因为要使国家间关于土地之争有个止息之期”。不过以时效为取得领土的一种方式，是一个敏感的问题，经常招致反对。先生在晚年所著《国际法》一书中，亦强调指出，将时效作为国家取得领土的一种原始的方式的理论是不能接受的。①

先占是国家对于当时无主的土地取得主权之方式。先占的对象必须是无主地。而所谓无主地，是说原来无人住居的土地，或虽有住民而属于未成国之土人部落。关于先占的规则，可区分为习惯的规则和协定的规则两大类。依习惯的规则，欲使先占有效，必须完成两项行为，一是合并或正式占有，即“以统治者之名义表示收取此土地的意思”；二是管理，即“由国家派人为相当的行政设备”。依协定的先占，是为非洲之土地之取得的特例。

征服是指以武力取得他国领土，或是其土地全部或一部分。依西方曾经的国际法理论，凡属有效的征服，在征服国方面，必须具备两个条件，一是取有之意，二是保持的能力。正如先生在《国际法》一书中所指出的一样，虽然在国际关系史上充满着一国以武力兼并他国领土的例子，但是将此种武力兼并土地的事实认作领

① 周鲠生：《国际法》，武汉大学出版社 2007 年，第 384 页。

土合法取得的一种原始方式，在国际法上显然是站不住脚的。当然先生在《国际法大纲》一书中，似乎还未注意到1928年《巴黎非战公约》之后，国际法可能的发展趋势。

割让是指一国领土依条约转让与他国。割让可有交换、卖渡、赠与、强制的赠与等情形。狭义上的割让，仅指强制的赠与，即强制转移而言。“此种转让大抵发生与战争之结果。结束战争之合约，常以明文载入割让条款”。值得注意的是，尽管割让作为国家转承领土的一种方式，一向被国际法承认为合法的方式，特别是从《联合国宪章》确立原则，使各国负有义务互相尊重主权和领土完整之义务起，此种取得领土之方式的合法性，显然需重新予以审视检讨。

除了割让之外，国际实践中，还存在诸如占住与管理、委任统治、让管、抵押、租借等所谓变相的割让形态。此等变相的割让之法律地位比较特殊，先生就租借地法律地位的论断颇值重视。先生以我国曾经所为的租借为例，援引西方学者观点分析道，“租借地之性质，在现今国际法上可说是一个尚待考究的新问题。无论如何，我们可以断言，租借不能看作割让”。如此见解，比之于我国于1997案对香港恢复行使主权初期，曾一度使用的“收复”显然要准确得多。香港之地，主权历来属于我国所有，何谓收复？只是我国在一段特定的历史时期，未充分行使有关主权权益罢了。使用精准的法律术语解释政治事务更能说明问题。

除上述诸种取得领土的方式外，先生在该部分还就那些虽不足以使领土主权发生变动，但有可能成其为取得领土之初步的保护地和势力范围等特殊问题，批判地予以剖析。

（3）领土内外的法权

先生将一国的法权（即管辖权），首先区分为领土内的法权与领土外的法权，而领土内的法权又可细分为对于陆地上的人之法权，以及对于港内及领水的船舶之法权。

国家对本国领土上之人，因其身份地位不同，所施行的管辖制度亦有所不同。先生分析道，一般来说，国家对本国领土上之本国人的管辖权最充分，因之有关本国人之国籍及身份地位的取得成为问题的核心；对位于本国领土上之外国人之管辖权，则有所限制。分析起来，有关外国人法律待遇的制度，其时国际法实践，似乎并为完全发达起来；此外，在一国领土上还有一类人，因其地位特殊，对于管辖权享有豁免之宽典，享有治外法权之特权。此类人，主要包括外国元首、外交代表、国际联盟及国际法庭的人员、外国军队等。

尽管本书对有关国籍之分析、外国人法律待遇、外交代表及国际组织之特权与豁免的分析，不似当今实践那么深入，但是从中无疑可以深切地体会到，相关法律制度在根本上乃缘起于由来已久之国际习惯。深悉此等见解，即使对解决时下某些棘手的国际争端也不无裨益。

主权国家在其领土内所享有的管辖权，曾经有一个重要的例外或限制，即领事裁判权。此种权利或基于特殊条约，或基于习惯，此等管辖例外如今已完全成为历史，但是在本书问世之初，就该问题予以关注仍有其现实意义。

一国对于其港内及领水上之本国船舶享有完全的管辖权，毋庸置疑。至于对外国之船舶享有的管辖权，则因外国船舶具有私船或公船之地位不同而有所区别。

对于领海上之他国私船而言，惟有关涉外界的行为，始受地方法权之管辖。至于停泊于港内之外国私船，则以前完全立于所在地法权之下，不过先生注意到，当时已有不少国际条约对此有所区别。

与私船不同，“公船对于所在国之法权享有广大的宽典，而视为与元首、外交代表、军队立于同样地位，享有治外法权。但船员如果上陆，其在陆上之一切行为，即受所在国法权之管辖”。

值得注意的是，沿海国在领海上的管辖权制度，自 1958 年《领海及毗连区公约》及 1982 年《联合国海洋法公约》缔结生效以来，发生了较大的变化，有关私船的无害通过制度得到了一般的认可，而有关军舰和其他政府公务船舶的无害通过权问题，则一直有所争论。

国家除了在其本国领土之内行使管辖权外，亦可以一定方式对域外之人行使管辖权，先生对此亦有所述及。

国家在领土之外行使管辖权最为重要的实践是，国家对于公海上的内外国船舶分别行使不同的管辖权。就本国船舶而言，无论是公船抑或是私船，船旗国管辖都是一般的原则，只是私船在特殊的情势下，亦可受他国管辖权的干涉。对外国船舶而言，“一般的说来，一国对与公海上外国船舶不能行使法权。但于此有数项例外，或是法律的，或是约定的”。作为法律的例外，主要包括军舰在战时所为临检与拿捕，以及无论公私船舶，对于外国船舶之犯海盗行为者予以拿捕；协定的例外，则是“各国可依条约协定，相互承认在某种情事，一国军舰在公海上可干涉他国私船之行为”。

在此有必要指出的是，自本书问世以后，因为毗连区、专属经济区、大陆架、群岛水域、国际海底区域等法律制度的建立，一国在领海之外的管辖制度日益丰富，除了一国行使紧追权的范围有所扩大之外，在其他非领海区域，一国也越来越有行使管辖权的权利和必要。

最后，出于有效行使管辖权，以及对主权各国对管辖权予以协调与合作之必要，引渡制度日益受到国际社会的重视，先生于此也有所关注。

3. 国际交涉

国际交涉是国际法主体开展对外交往，确立和变更彼此间权利和义务，甚至确立一般国际法规则的途径和方式。

(1)国际交涉概说

国际交涉有种种不同的形式，谈判是其最重要的一种。谈判之方式并无一定，谈判可口头行之，亦可依文书辩论行之，亦可两者并行。最重要的谈判是依公会或大会以行。谈判有时无果而终，“如果谈判成功，则其效果可分为两层。或是有个满足的意见交换，而当事国在法律上不受拘束；或是有关协定或条约订成，而当事者在法律上受约文之拘束”。由此言之，谈判贯穿于国际交涉的始终。

谈判以外，尚有其他国际交涉亦甚关重要，例如宣言、通告、抗议等，亦是国际交往惯常采用的方式。

所谓大会或公会，可谓许多国家之代表集会或集体谈判。从本书陈述不难注意到，其时公会或大会之决议，以到会代表之全体一致取决为原则，不过亦允许当事国在签字之时，对于约中某些部分予以保留。可见大会或公会表决制度，在二战以后有着较大的发展。

(2)条约

条约既是国家从事对外交往的颇为正规的手段，亦是国际法的重要法源，在国际法上有着重要的地位。历来是国际法原理著作的重要组成部分，先生就此亦着墨不少。首先先生在界定条约之概念的同时，强调惟有国家相互间所缔结之协定，才可称之为条约。此种将条约与其他“准条约”予以区分的观点值得重视。不过在此有必要指出的是，自二战以来，随着国际组织在国际社会所扮演的角色越来越重要，国际组织作为一类国际法的缔约主体，日益受到重视，并特别为1986年《国家和国际组织条约法公约》所确认。

条约作为一种国际社会的重要交涉手段和国际法源，所涉及问题颇为复杂。先生在本书中亦渐次就条约之形式，条约成立之要件，条约之批准，条约之解释，以及条约之终止予以剖析。稍嫌不足的是，先生在本书中，并未就条约的拘束力与生效实施、条约之声明与保留、条约的修改与修订等重要问题予以阐明。然而瑕不掩瑜，通过寥寥数页，先生勾勒出了传统条约法的基本轮廓，特别是将有关内容与数十年后所缔结的1969年《维也纳条约法公约》相比较，我们不难发现，《维也纳条约法公约》在很大程度上乃在宣示当时即已存在的国际惯例，这也从某种程度上足以说明，尽管《维也纳条约法公约》缔约方并不算多，然缘何在实践中有广泛影响的原因。①

① Jan Klabbers, *The Concept of Treaty in International Law*, 40－41 (Kluwer Law International 1996); Duncan B. Hollis, A Comparative Approach to Treaty Law and Practice, in *National Treaty Law and Practice: Dedicated to the Memory of Monroe Leigh*, Duncan B. Hollis, Merritt R. Blakeslee & L. Benjamin Ederington (eds.), 10 (Martinus Nijhoff publisher 2005).

4. **国际交涉机关**

在国际交涉体系中，有关交涉机关担负着重要的权责。国际交涉机关首先可区分为国内外交机关、驻外外交机关两大类。此外，随着国际组织职能的加强，国际组织有关机关在国际交涉活动中已扮演重要的角色。

(1)国家机关

在国家机关体系中，一国元首是当然的，亦是最高的外交机关。代表其全部国际关系，他的对外一切合法行为，皆认为国家行为。不过如果有的国家对元首的外交代表权能设有宪法限制，则在此等国家，元首之对外行为，当守宪法限制。至于一国元首的权力之来源对其对外代表职能有无限制的问题，先生主张，“一国元首的权力来源，在国际法上无关重要。何人在事实上确然握有国家权力，其行为即认为拘束国家，至于此人之是否为合法的元首抑为僭位者，则非他国所能过问”。先生进而特别就政府变更对代表权之影响的问题明确指出，“政府变更，新政府照例向外国要求承认，以继续国际关系。但他国之承认与否，及在何时始承认，不是法律问题，而是政策问题，当以各国自由意志决定。不过如果外国坚执不承认已经确立之新政府，此方国家亦可对待以报复手段”。此种论断，真可谓一语中的，道出问题的实质。

在内国外交机关体系中，外交部门及其长官，负有专门的外交职责，先生于此也简略地有所述及。

(2)外交代表

驻外代表有常设之使馆，亦有各种类型的使节。先生在简要交代使馆制度和使节权之后，特别就外交代表之等级、外交代表之就任、外交代表之职分、外交使命之终结予以分析。相比于1961年《维也纳外交关系公约》之后诸国际法著述而言，本书相关内容似较为单薄，而且也缺乏有关特权与豁免的专门内容。但分析起来，本书内容确已涵盖外交代表制度的全部，包括外交代表的特权与豁免在内，本书都有所述及。更为重要的是，通过研读本书内容，我们确信，有关外交代表地位、职分及尊荣等相关法律制度，的确属于由来已久的习惯国际法范畴，只是在近几十年以来，特别为《维也纳外交关系公约》等国际协定进一步加以确认。此种认识，无疑对指导我们处理有关对外关系不无裨益。

（3）领事

领事制度是国际商业上一个颇为古老的法律制度，甚至可以追溯到中世纪。现今各国驻外领事虽可带有种种不同的职分，然主要以保护本国的商务和侨民利益而存在。此类法律规则亦传统属于发展成熟的习惯国际法范畴之列，近年来特别为《维也纳领事关系公约》和其他有关双边或多边条约所确认。

（4）其他国际事务人员

除了外交代表与领事以外，国家尚可派遣其他特派员赴外国，以处理政治的及行政的交涉事务。

除了一国临时派遣人员赴他国处理事务外，国际社会为处理某些国际事务，有时由两个或两个以上国家派遣特派员组成常设的，或临时的国际委员会，以处理某些特定的国际事务。此外，从19世纪后半期以来，国际社会缔结了许多关于国际共同事务的条约，由此创立国际行政同盟，并设立国际事务局以执行其事务。此类机构，在联合国成立之后，不少已被纳入联合国体系，成为联合国专门组织。

值得注意的是，随着联合国的建立，以及联合国大会、经社理事会、安理会、秘书长等联合国机构职能的发挥，联合国等有关国际组织，在国际交往与争议解决中所扮演的重要角色，越来越为国际社会所重视。与此同时，一些地区性的国际组织，在地区事务往来，甚至是在某些全球性的问题上，也日益发挥着颇为重要的作用。有关此等国际组织相关法律问题的研究，显然已摆在了后代学者的面前。

(三)浓墨重彩的程序法篇

国家开展对外交往，免不了滋生争议。国际争端的有效解决，一方面可以消弭既有争议，另一方面也有助于构建良好的国际秩序。由此有关国际争议之解决手段和方式的研究，历来在国际法教学和国际实践中具有重要地位。本书于此亦不惜笔墨，特别是有关战争法的探究，更是深入而全面。

探究起来，对于国际争议之解决手段，大致可区分为和平的争议解决手段和强迫的争议解决手段两种。曾经地，战争亦是解决争议的一种合法手段，只是自《巴黎非战公约》宣布废弃以战争作为解决国际争端的手段，特别是《联合国宪章》禁止以武力和威胁破坏他国领土完整和主权独立以来，以战争作为解决国际争端的手段招致否定。

1. 国际争议及其解决手段

(1)和平解决国际争议的方法

先生深感国际联盟之成立对国际争议之解决可能产生的影

响,将和平解决国际争议的方法,区分为国际联盟成立以前的方法,和国际联盟规约新确立的方法。其中国际联盟成立以前的方法主要有:直接谈判、斡旋、调停、国际调查委员会、常设国际委员会、仲裁等;国际联盟新设立的方法有:联盟理事会之调查报告、联盟大会之审查报告、常设国际法庭之判决。

就国际联盟成立以前的传统争议解决方法,先生在肯定谈判作为争议解决手段之重要性的同时,主要阐释了斡旋与调停、国际调查委员会和仲裁。

关于斡旋与调停手段之利用,先生指出,"直接谈判当然是平和解决争议之一个最普通而最简单的方法。大部分的国际事件都依当事国直接谈判以处决"。"及至通常外交手段已穷尽,谈判无成,乃诉诸其他特殊方法。斡旋与调停即此等特殊方法之常用者"。继而先生结合实例对斡旋与调停制度精到地予以分析。

国际调查委员会是为1899年第一次海牙和会所创立的制度,鉴于成功实践之经验,1907年第二次海牙和会进一步确认了此等制度。美国亦曾与30余国签订过此类协定,不过实则作用有限。

仲裁作为一种解决争议的法律手段,先生认为,虽然在古代及中世纪曾见其例,但其一般的发达,究是从19世纪后半期起。仲裁可说是平和解决国际争议之一个最重要的方法。

1899年和1907年两次海牙和会,对于仲裁制度曾大加讨论。其重要成果是,依1907年海牙条约第一编第二章之规定,缔约国设一常设仲裁院,以便于争议国随时诉诸仲裁。先生在本书中,特别就该仲裁院的组织,仲裁员的任命、法庭的组成、简易程序、仲裁管辖权与强制仲裁等问题予以说明。

关于国际联盟与国际争议的解决,先生在本书中,从国际联盟的职分出发，首先分析了国际联盟解决国际争议的原则。“国际联盟的一个主要职分是防止战祸，联盟规约对于联盟自身及各盟员可由特殊义务，以期争议及时平和解决”。由此，国际联盟谋求解决争议的原则，多与战争或破坏和平之情势有关。值得注意的是，国际联盟规约对于盟员违反盟约有关和平解决国际争议的义务之行为，规定有制裁手段。如盟员违反此项义务，径行诉诸战争，当认为对于全体盟员凡有战争行为，而当共同对待以经济的或甚至军事的制裁手段。

国际联盟新增加的和平解决国际争端的手段主要有理事会之审议报告，大会之审议报告，以及常设国际法庭之判理。先生以为，理事会之审理报告，是国际联盟解决国际争议之最重要的方法，因为此项方法与处决政治的争议最有力。在分析了作为争议解决之手段的理事会报告及大会报告相关规则后，先生指出，此种审议报告，具有国际和解的性质，此两机关与此可说是履行所谓“和解委员会”之任务。

为了方便法律性质之国际争议的解决，国际联盟规约规定成立一个常设国际法庭，此法庭于1922年2月在海牙正式宣告成立，其职能一直持续到联合国国际法院之成立。

有关常设国际法庭管辖权之规定，值得引起我们重视。依《常设国际法庭组织法》第36条之规定，常设国际法庭对一切具有国际性质而经当事国提交之争议具有审判权。争议之提出于该院，以当事者双方合意为条件。但联盟盟员亦得预先声明，关于下列之法律的争议，承认该法院之强制的法权：（一）条约之解释；（二）一切国际法的问题；（三）违反国际义务之事实存在问题；（四）对于违反国际义务应予之赔偿的性质与限度。此种声明可以是无条件的，亦可以盟员数国或特定盟员同样声明为条件，同时亦可声明在特定的时间内受此约束。

察及国际联盟上述有关规则，我们不难注意到，尽管国际联盟在现实实践中发挥的功用有限，但就盟约本身分析，力图防止战祸，谋求国际争议之和平解决的此种努力还是值得肯定的。特别是有关常设国际法庭的实践，更为二战后联合国国际法院的建立，发挥了重要的借鉴意义。

（2）强迫解决争议的方法

传统强迫性的解决国际争议的方法主要有：报复、报仇和平时封锁。

报复是强迫手段中之最轻的一种，是指对于外国之非友好的行为报以同样或类似的行为。在何种情势下可使用报复手段，是个政策性的问题而非法律问题。

报仇之与报复不同，是一种较高程度的处决国际争议的强迫手段。先生考察认为，“报仇手段可是积极的，亦可是消极的。消极的报仇可不使用武力，例如停止执行条约。积极的报仇，则通常为对于对方国家或其人民之财产所取之种种强暴手段……”毋庸讳言，报仇在实践中大都是强国对弱国所为，因之不免有滥用之嫌。在先生看来，报仇实际为战争性质的行为，只是当事国之意思不在开战。“在法律上，报仇与战争不同，前者未有断绝外交关系，废止条约之效果。但如值对手国使用武力来对抗，亦可将报仇变为战争”。虽然先生之有关见解，无疑被深深地打上了时代的烙印，然而察及当今国际社会之对有关特殊情势国际争议解决之实践，这一论断，真可谓一语中的，道出了问题的实质。

平时封锁在19世纪中，国际社会惯常采用的一种强迫性手段。

关于平时封锁，先生正确地指出，“平时封锁亦如其一般报仇手段然，有为强国滥用以压迫弱国之弊。但如为多数国家对于不服理喻之一国共同行使，以达干涉或国际警察之目的，亦常有效用”。

值得注意的是，以经济手段所为之制裁，确已先后为《国际联盟盟约》和《联合国宪章》所认可。不过此种经济制裁手段，与传统之平时封锁比较而言，当属于一种全新的解决国际争议的强制性手段。此外，《联合国宪章》所认可之单独或集体自卫，以及任何区域机关和办法之利用，自然也包括强迫性的争议解决方法在内。由此可以说，尽管《联合国宪章》等国际规则重申了和平解决国际争端之原则，但强制性的争议解决手段，虽然往往可能有干涉之嫌、谋求霸权或不当的地区利益而招致批评，仍是当今国际社会解决国际争议的重要组成部分。

2. 战争

国际法上的战争，主要是指两个或两个以上敌对国家之间，以武力推行国家政策所造成的武装冲突和由此而产生的一种法律状态。

凡不构成战争状态的国际间的武装冲突均属非战争的武装冲突。这种冲突一般表现为局部的或有限度的。冲突的规模、冲突意图和非冲突方的态度和反应，对区分国家间的武装冲突是战争状态还是非战争的武装冲突起着决定性的作用。现代国际法倾向于采取“适用于武装冲突中的规则”的提法，而不提“战争法”。因为第一次世界大战以后，特别是第二次世界大战以后，“战争”的提法不常有了，甚至具有明显国际性质的大多数武装冲突在法律上也都没有被称为战争。在现代国际法上，“武装冲突”与“战争”这两个概念同时存在，而“武装冲突法”有取代“战争法”的趋势。[①]这种发展可以从以下诸方面找到原因：

首先是实践的变化。传统国际法上的战争，必须符合一定的规则，如战争的开始必须通过宣战。然而，国家为了规避本国法律上的规定，或为了能在战争一开始就取得军事上的优势，往往不宣而战。不过未经宣战的战争也必须适用有关战争的，尤其是国际人道主义法方面的规则。实际上，“武装冲突”一词涵盖了不管是经过宣战的战争还是未经宣战的武装冲突。特别是《联合国宪章》禁止使用武力，不论是以战争的形式还是以武装冲突的形式。《宪章》不仅禁止战争，而且禁止不宣而战以外的使用武力或武力威胁。禁止使用武力和武力威胁当然包括一切武装冲突，而不问是否存在战争状态。

其次是内战或民族解放运动地位的变化。传统国际法把战争仅限于国家之间的武装冲突，不承认殖民地人民反抗殖民主义和种族主义的民族解放战争是国际法意义上的战争。另外，内战只有在反政府一方被本国政府或其他国家承认为交战团体或叛乱团体时，才取得国际法上的地位，才适用战争法规。然而，第二次世界大战以后，民族自决和民族解放斗争，已成为被奴役的民族的不容置疑的权利。而对这一形势，1949 年《日内瓦公约》有专门的非国际性武装冲突中冲突各方应遵循的最低限度的规则。1977 年该公约的《第二附加议定书》更是一个专门适用于有关国家内部武装冲突的法律文件。由此可见，传统国际法的“战争”概念正在发生

① Gary D. Solis, *The Law of Armed Conflict: International Humanitarian Law in War*, 20 – 22 (Cambridge University Press 2010).

变化。“武装冲突”不仅包括国际性的武装冲突，也包括非国际性的武装冲突。①

第三是日内瓦公约体系的发展和影响。战争法在传统上分为两个体系：海牙公约体系和日内瓦公约体系。海牙公约体系主要规定关于战争如何开始、进行和结束的规则和制度；而日内瓦公约体系则主要是关于保护那些不直接参加战争或已退出战争的那部分人的人道主义规则，又称“人道主义法”。第二次世界大战以前，海牙公约体系与日内瓦体系都有不断的发展。但在其后，1949年联合国国际法委员会通过决议，决定把战争法排除在该委员会“编纂和发展国际法”的任务之外，认为“既然《联合国宪章》已宣布战争为非法，对战争法事实上不再有研究的必要。”然而，战争不断发生，武装冲突依然存在。改善战场上的伤、病员待遇的需要，以及对战俘、平民保护的迫切要求，使国际人道主义法得到了很大的发展，而在国际人道主义法的主要法律文件中，都用“武装冲突”这个措辞。由于国际人道主义法的广泛传播，“适用于武装冲突中的规则”的提法得到了广泛的接受和使用。

无疑，战争和武装冲突是两个不同的概念，在近半个世纪以来的国际关系中，大量武装冲突发展到相当大的规模，也持续了相当长的时间；但冲突各方的和平关系在法律上还没有完全破裂，也就是说，战争的法律状态还没有完全形成，在这种情况下，武装冲突和战争的界线就很难区分了。人们现实中把两者统称为战争，同时亦有学者认为战争与武装冲突并非是非此即彼的关系，而仅是

① Eve La Haye, *War Crimes in Internal Armed Conflicts*, 32 – 75 (Cambridge University Press 2008).

在范围和程度上有所差异,[1]但从严格的法律意义上看,二者仍然是两个不同的概念。

其主要区别在于:(1)战争的主体主要是国家,而武装冲突则不限于国家,还包括民族、宗教团体和叛乱团体;(2)战争主要是指交战双方有“交战意向”的法律状态,而武装冲突则主要是指武装敌对行为的事实;(3)战争中交战双方与第三国存在明显的中立关系,适用中立法;武装冲突中,冲突双方与第三国的关系是不明确的,中立法不一定能够适用。但并不是说,在武装冲突中,有关作战手段和方法及不受战争法规则的制约。

尽管自本书初版以来,国际社会有关战争的实践和战争法规则发生了较大程度的发展,本书有关战争法规则的论述,至今在国内同类著述中,仍是最为全面且最深入的。

书中,先生首先对战争之概念、战争之开始、战争发生之效果等法律状态予以分析。继而就战争法的概念与规则,特别是陆战法规、海战法规、空中战争法规等战争法的具体规则,结合大量的历史实例,以传统之国际习惯和有关协约为基础,颇为深入地予以剖析。与此同时,还进一步就中立法规、交战国与中立国间之权利义务、交战国对于中立商务之限制、战争之终局等相关战争法规则系统而全面地予以分析。惟其受当时国际法发展所限,先生并未就战争罪行、破坏和平及严重违反国际人道主义法等罪行及其责任承担的问题予以阐释。

---

① Ingrid Detter, *The Law of War*, 2nd ed., 20 (Cambridge University Press 2000); John F. Murphy, *The Evolving Dimensions of International Law*, 161 (Cambridge University Press 2010).

本书有关战争法的评析，占去了全书内容1/3以上的篇幅，释论颇为明晰。如此安排，一方面反映了先生对国际法规则的重视，另一方面也恰切地反映了当时国际社会的现状和开展战争法研究的重要性。与其他国际法规则曾在《国际法》一书中得到进一步的研究阐释不同，因时局所限，先生并未如原先打算的一样，在晚年对战争法规则予以研究，由此晚年出版的《国际法》一书对战时法付诸阙如。毋庸置疑，本书有关战争法规的论述，便成为先生有关战时国际法最系统的阐释了，也是我国后辈学者研习战争法和国际人道法的最重要的权威参考文献之一，值得晚辈后学悉心研读。